ZERO WASTE KÜCHE

SOPHIA HOFFMANN

SAVED BY ROCK'N ROLL

ZERO WASTE KÜCHE

SOPHIA HOFFMANN

Inhaltsverzeichnis

01

Grundlagen
Zero Waste Küche

02
Lebensmittel

FAKTEN & WISSENSWERTES

03
Zero Waste Rezepte

MEAL PREP

REZEPTE

04
Was noch übrig bleibt

WAS NOCH BLEIBT

„Weniger kaufen, eine gute Wahl treffen, alles aufessen!“

01
Grundlagen Zero Waste Küche

Vorwort

Liebe Leserinnen und Leser,

Warum ein Buch, das **Zero Waste Küche** heißt?
Zero Waste *(= null Müll)* ist eine Nachhaltigkeitsphilosophie, die in den letzten Jahren weltweite Bekanntheit und eine wachsende Anhängerschaft gewonnen hat. Zero Waste hat viele Komponenten: Abfallvermeidung, Konsumverweigerung/-kritik, Recycling, Verwertung, Reparatur, Wiederverwertung, Kreislaufwirtschaft, Minimalismus – um nur die bekanntesten zu nennen. Die Zero Waste Bewegung entstand als Reaktion auf Umweltverschmutzung, Klimawandel, Ressourcenverschwendung, Überkonsum, Wegwerfprodukte, Billigartikel.
Immer mehr Menschen hinterfragen diese Entwicklungen, wollen sie nicht mehr hinnehmen und durch persönliche Entscheidungen und ihr Verhalten etwas verändern. Sie ermutigen andere, es ihnen gleichzutun, wurden zu Vorbildern. Schrieben Bücher, die zu Manifesten wurden. Gingen auf die Straße. Gründeten Unternehmen. Engagierten sich in NGOs. Versuchten ihre Ideen in der Politik umzusetzen. Zeigten tagtäglich, dass die Macht der kleinen Schritte so einiges bewirken kann. Und dass weniger sehr oft mehr ist.

Mehr Ruhe,
mehr Natur,
mehr Gerechtigkeit,
mehr Miteinander,
mehr Genuss.

MEIN WEG

Mein Weg zum Thema war einerseits ganz natürlich, erfolgte aber über Umwege.
Ich bin mit diesem Werteschatz sozialisiert worden, denn meine Eltern wurden beide noch während des Zweiten Weltkriegs geboren und erlebten in den 1940er Jahren eine Kindheit, die von der Not der Nachkriegszeit geprägt war. Meine Großmütter sparten sich das Essen für ihre Kinder wortwörtlich vom Mund ab, kochten selbst gesammelten Brennnessel-Spinat, weckten Zwetschgen in Bierflaschen ein, weil sie keine Gläser hatten und kochten ihren Kindern Apfelschalen-Tee und Nudeln mit einem Klecks Marmelade (was meine Mama – verständlicherweise – ziemlich lecker fand). Fleisch und Schokolade waren rare Güter, die man als etwas Besonderes schätzte und sich jeden Bissen gut einteilte.
In den 1950er Jahren wuchs meinen Großvätern langsam ein Wohlstandsbauch, während meine Großmütter anfingen „auf ihre Linie zu achten", da man ja den neuen Badeanzug am italienischen Adria-Strand ausführen wollte. Essen gab es auf einmal im Überfluss und vor

allem auf den Familienfesten väterlicherseits bog sich oft der Tisch vor lauter Speisen. Doch trotzdem wurde auch später nie etwas weggeschmissen. Im Gegenteil. Mein Vater trank schon mal die sauer gewordene Milch demonstrativ aus oder er zeigte mir, wie man daraus Hüttenkäse machen kann. Wegschütten kam nicht infrage.

Von ihm habe ich auch die kreative Resteverwertung gelernt, er machte immer aus allem noch eine Suppe oder Sauce. Meine Mutter zeigte mir, wie man Marmelade, Apfelmus, Zwetschgenkompott und Holundersirup herstellt. Wenn wir in den Bergen Urlaub machten, gingen wir Pilze sammeln, die dann im Wohnzimmer auf großen Gittern getrocknet wurden. Selber ohne Garten, wurden wir oft von Freunden eingeladen, die ihre Ernte mit uns teilten.

Meine Mutter war Rektorin einer Grundschule, vor ihrem Klassenzimmer stand ein wilder Apfelbaum. Sie behauptet bis heute, er wäre aus dem Apfelbutzen eines Kindes gewachsen. Jedes Jahr trug er kleine, oft wurmige aber schmackhafte Äpfel aus denen wir Apfelmus kochten. So lernte ich, dass man Fallobst nicht wegschmeißt, nur weil es angenagt oder angestoßen ist.

Wir benutzten wiederverwendbare Einkaufstaschen, Wassertrinkflaschen, pressten aus Seifenresten neue Seifenstücke und kauften natürlich in den ersten Bioläden. Kleider wurden Second Hand gekauft, Socken geflickt und Gebrauchsgegenstände pfleglich behandelt, dass sie ewig hielten. Viele Dinge, die heute in Unverpackt-Läden verkauft werden, kenne ich aus meiner Kindheit. Deshalb war ich anfangs auch etwas betriebsblind für diese Bewegung, hatte ich vieles doch seit jeher verinnerlicht.

Vor einigen Jahren passierte immer wieder Folgendes: Wenn ich spontan ein aus Resten improvisiertes Gericht auf Social Media teilte, wurde ich nach dem Rezept gefragt, obwohl es keines gab, was mir völlig plausibel erschien. Langsam dämmerte mir, dass Reste verwerten, Lebensmittel lagern und bewusst nachhaltig einkaufen für ganz viele Menschen keineswegs selbstverständlich ist.

Zusätzlich nahm ich mir auch meinen eigenen Konsum vor und stellte schnell fest, dass es wohl noch ein bisschen regionaler, unverpackter und saisonaler ginge. Ich fing an, für meine Gerichte ohne Rezept den Hashtag **#restlfestl** zu verwenden und überlegte, wie ich dieses Wissen meinen Leser*innen vermitteln könnte.

ICH FING EINFACH AN

In den letzten zwei Jahren brachte ich das Thema in Kochschulen, Schulklassen, auf Veranstaltungsbühnen bei Food Festivals und Messen. Kooperierte mit Organisationen und Unternehmen wie Restlos Glücklich, SirPlus, Greenpeace, WWF, Forum Berufsbildung, gab Workshops, drehte Videos, bekochte / kochte mit vielen Menschen aus geretteten Lebensmitteln köstliche Gerichte.

Mit diesem Buch möchte ich nun versuchen, eine informative, unterhaltsame, leicht verständliche Anleitung für zu Hause zu schaffen, um jeden dazu zu ermutigen, es mir gleichzutun.

Der im Fair Fashion Bereich oft zitierte Satz von Vivienne Westwood lässt sich meines Erachtens auch auf die Küche übertragen:

> ***„Buy less, choose well, make it last!“***

DIE KAPITEL

Dieses Buch gliedert sich in drei große Teile:

Kapitel 01

Im ersten Teil geht es um die Grundlagen: Fakten zu Lebensmittelverschwendung, Mindesthaltbarkeitsdatum, Lebensmittelwertschätzung, Nachhaltigkeit, Öko-Landbau, einfache Schritte, Einkaufstipps, Saisonkalender, Zero Waste in der Küche jenseits von Essen.

Kapitel 02

Im zweiten Teil habe ich 40 Lebensmittel ausgewählt und unter die Lupe genommen. Ihr könnt dort Infos zu Lagerung, Saison, Zero Waste Problematik und Verwertung finden, damit es nicht zu trocken wird, ergänzt mit Fun Facts, Kulturgeschichte und bunten Bildern.

Zur Auswahl habe ich meine Leser*innen gefragt, Studien gelesen und mir selbst Gedanken gemacht. Es handelt sich um Lebensmittel, die in deutschen Küchen oft im Müll landen, stark an Wert verloren haben, gerne im Vorratsschrank herumgammeln und / oder speziell wichtig für eine ausgewogene Ernährung sind. Auch tierische Produkte dürfen dort nicht fehlen – sie werden kritisch beleuchtet.

Kapitel 03

Im dritten Teil findet ihr einen Haufen Rezepte, die ich mir für euch überlegt habe.

Einige sind etwas aufwendiger, aber die meisten sind alltagstauglich und vielseitig untereinander kombinierbar. Sie sollen vermitteln, wie einfach das Prinzip Reste- und Vorratsküche ist, wenn man einmal die Basics verstanden hat.

In diesem Sinne,
fröhliches Kochen und Happa Happa!

Lebensmittelverschwendung

In Deutschland gehen pro Jahr über 18 Millionen Tonnen Nahrungsmittel verloren. Das bedeutet, dass für die Erzeugung von Nahrungsmitteln, die am Ende im Müll landen Energie, Ackerfläche und Rohstoffe verschwendet werden. Am Beispiel Brot kann man das gut verdeutlichen:

- **Jede fünfte Backware landet hierzulande im Müll. Das sind 1,7 Millionen Tonnen.**
- **Das entspricht der Ernte eines Ackers größer als die Fläche von Mallorca.**

Diese Verschwendung zieht enorme ökologische Folgekosten nach sich. Sie mögen auf den ersten Blick nicht sichtbar sein, wir und folgende Generationen werden die Auswirkungen aber immer mehr zu spüren bekommen. Viele Menschen sind jetzt schon davon betroffen.
Die Verringerung verschwendeter Nahrungsmittel zusammen mit der Müll-Reduktion ist eine der drängendsten Herausforderungen unserer Zeit, denen wir uns gesamtgesellschaftlich stellen müssen. Für mehr Gerechtigkeit, Umweltschutz und Nachhaltigkeit.
Zurück zu den 18 Millionen Tonnen.

- **60 %** der Verluste entstehen entlang der **Wertschöpfungskette** – vom Produzenten bis hin zum Großverbraucher (Supermärkte, Gastronomie, Gemeinschaftsverpflegung wie Kantinen, Krankenhäuser, Gefängnisse, Schulen).
- **40 %** wird in **Privathaushalten** weggeworfen.

Das ist die Menge, die wir am einfachsten mit unserem eigenen Koch- und Konsumverhalten beeinflussen können. Ich sage „am einfachsten", denn ganz machtlos sind wir auch im 60 % -Bereich nicht:

Wir können Initiativen / Petitionen / Parteien / NGOs / Unternehmen unterstützen, die den Status quo der Industrie und Gemeinschaftsverpflegung reformieren wollen, Verbraucherentscheidungen für oder gegen bestimmte Läden fällen, diese Informationen in unserem sozialen Umfeld verbreiten. Aber vor allem können wir zu Hause anfangen. In der eigenen Einkaufstasche.

***Erster Schritt: Tasche statt Tüte.
Zweiter Schritt: Pro Person nur eine Tasche, gefüllt mit Wertschätzung.***

Wertschätzung

Je länger ich an diesem Buch gearbeitet habe, desto stärker ist mir bewusst geworden, dass der Anspruch dieses Buches zwar Zero Waste heißt, aber dieser nur erreicht werden kann, wenn wir unserem Essen mit Wertschätzung begegnen.
Das klingt leichter als es ist, aber wir sind in einer westlichen Gesellschaft aufgewachsen, die ein stark von Werbeversprechen und öffentlicher Meinung geprägtes Bild unseres Essens zeichnet. Großkonzerne zahlen jedes Jahr Millionen Euro, um ihre Botschaften über TV, Print und Social Media auf unsere Teller zu kriegen. Botschaften wie:

- Essen muss möglichst billig sein, blöd ist der, der mehr dafür zahlt!
- Selbst kochen ist Zeitverschwendung und super schwierig. Fertig- oder Halbfertiggerichte schmecken toll und sind im Grunde wie selbst kochen.
- Alle tierischen Produkte kommen aus idyllischen Kleinst-Bauer-Betrieben: Milch von der Alm, Leberwurst aus einer Mühle und Milchschokolade aus einer lila Kuh.
- Selbst in anderen Ländern wie Italien, Frankreich oder Irland essen die Einheimischen lieber eine seltsame Tiefkühl- oder Light-Version ihrer traditionsreichen Küchenklassiker
- Süßigkeiten sind gesund für unsere Kinder und fördert deren Wachstum, weil gepufftes Getreide darin ist, Milchpulver oder Fruchtaroma.

Dies sind nur einige wenige Beispiele. Die Organisation **Foodwatch** verleiht übrigens jährlich den „Goldenen Windbeutel" für die dreisteste Werbelüge.

DAS PROBLEM

Viele Menschen haben diese Botschaften verinnerlicht und selbst wenn sie nicht 100 % an die Alm-Idylle glauben, hilft diese schon sehr die Realität der Tierindustrie zu verdrängen. Oder zu glauben, dass Bio-Lebensmittel unverschämt teuer sind. Und Brötchen aus dem Discouter besonders frisch.
Wenn dann jemand das Gegenteil behauptet, gibt es sicherlich einen von der Lebensmittelindustrie bezahlten Experten, der dagegenhält und am Ende denkt man vielleicht: *„Jeder behauptet doch eh etwas anderes, wem soll ich denn noch glauben?"* Darauf antworte ich: *„Deinem Bauchgefühl."*
Lebensmittelwertschätzung kann man lernen und fühlen. Natürlich ist es auch hilfreich ein paar Fakten zu kennen: Fakten über Umweltschutz, Tierhaltung, Werbebudgets, Fairtrade, Gesundheit, Anbau, Saisonalität. Die findest du in diesem Buch.
Aber riechen, fühlen, schmecken ist elementar. Frische, unverarbeitete Produkte ernten, putzen, verarbeiten. Lernen, wann etwas verdorben ist und wann man es noch hervorragend verarbeiten kann. Welche Lebensmittel man, als Werkstoffe betrachtet, in welche Konsistenzen umwandeln kann. Warum echtes Sauerteigbrot so viel wertvoller ist als das aus dem Discounter und ein Apfel immer noch wertvoll, wenn er eine braune Stelle hat. Dass frisch kochen Spaß macht!

Teilt dieses Wissen mit eurer Familie, euren Freunden und eurem sozialen Umfeld! Macht euch die Hände schmutzig!

Regional. Saisonal. Bio.

WARUM REGIONAL UND SAISONAL?

Diese beiden Faktoren hängen stark zusammen, deshalb betrachte ich sie auch gemeinsam. Es gibt keine Richtlinien wie weit ein regionaler Radius geht, manche definieren ihn bei etwa 150 km. Von einem urban geprägten Standort ist das alles, was nahe genug gelegen ist, um diesen zu beliefern und noch nicht näher an der nächstgrößeren Stadt liegt. Ausnahmen bestätigen die Regel. Man kann im Zweifelsfall auch einfach nachfragen.

Wer regional kauft, trägt zur Existenzsicherung kleiner und mittlerer Betriebe bei und stärkt die heimische Wirtschaftskraft. Kürzere Transportwege bedeuten nicht nur weniger Umweltbelastung in Form von CO2-Emissionen, sondern schaffen auch Transparenz und Vertrauen zwischen Konsumenten und Erzeugern, etwa auf Wochenmärkten oder in Bioläden mit umfangreicher Informationspolitik.

NOTIZ

Die Nahrungsmittel im Saisonkalender →Seite 18/19 sind alle nach ihrer Erntezeit im Freilandanbau aufgeführt, zudem findet ihr Infos über Saisonalität/Lagerware/Importware im →Kapitel 02.

Wer zusätzlich saisonale Produkte aus Freilandanbau bevorzugt, konsumiert noch umweltfreundlicher. Denn Obst und Gemüse aus beheizten Gewächshäusern und Folientunneln setzen bis zu 30 × mehr Treibhausgase pro Kilogramm frei als Freilandware und benötigt oft auch mehr Düngemittel und Wasser.

Frisch gepflücktes, kurz gereistes Obst und Gemüse ist zudem aromatischer, knackiger und reicher an Nährstoffen. Der Weg vom Feld auf den Teller ist einfach kürzer, sodass sie ebendort ausreifen dürfen und nicht unreif auf die Reise gehen. Man schmeckt den Unterschied.

Die Natur ist ziemlich clever und hat sich schon was dabei gedacht, uns zu bestimmten Jahreszeiten mit bestimmter Nahrung zu versorgen. Wir können im Winter auch Kartoffeln (Die Zitrone des Nordens →*Seite 80*) statt Südfrüchte essen, um unseren Vitamin C Gehalt zu decken.

Man muss nicht 100 % dogmatisch sein und nie wieder Nicht-Saisonales kaufen, es ist schon ein guter Anfang einfach mal beim nächsten Einkauf darauf zu achten, z. B. mit einer Zielsetzung von 80 % regional. Regional ist ja automatisch saisonal. Meist sind diese Produkte auch billiger als Importware. Auch in Bio-Qualität.

WARUM BIO?

Viele Leute erzählen mir, dass sie Bio-Qualität nicht so wichtig finden, wenn die Produkte doch regional vom „Bauern ihres Vertrauens“ kämen. Nur darf dieser konventionelle Bauer eine ganze Menge Pestizide versprühen und Antibiotika verfüttern, die später in unseren Lebensmitteln, dem Grundwasser und der Erde landen. Die meisten Bauern würden dies auch nicht verschweigen, aber wer fragt schon danach?

Auch wenn Bio-Richtlinien in einigen Bereichen bis an ihre Grenzen ausgereizt werden, bieten sie doch ein Grundmaß an Nachhaltigkeit, Chemie-Freiheit, Gen-Freiheit und halbwegs fairen Preisen für die Erzeuger. Wo in Deutschland Bio draufsteht, ist auch Bio drin. Trotzdem drücken Discounter gerne die Preise ihrer Bio-Zulieferer, schließen nur 1-Jahres-Verträge ab, sodass dies am Ende auf das Einkommen der Menschen zurückfällt, die unser Essen erzeugen. Zudem weiß ich von Bio-Firmen, die für Supermarkt-Eigenmarken abpacken, dass die beste Qualität in ihre eigenen Produkte geht, die – zu recht – teurer verkauft werden. Bio ist also nicht

immer gleich fair und qualitativ hochwertig, bietet aber zumindest eines: **Kein Gift in Lebensmitteln, das dort nichts zu suchen hat.**
Gerade im Bereich weit gehandelter Produkte wie Kaffee, Kakaobohnen oder Bananen hängen Bio und Fair sehr stark zusammen. Oft wirtschaften Bio-Betriebe in den Erzeugungsländern nachhaltiger in Mischkulturen statt Monokulturen, was positive Auswirkungen auf die Umwelt und den Lebensraum der Menschen vor Ort hat. Davon profitieren wir am Ende alle. Bio ist also so etwas wie ein kleinster gemeinsamer Nenner für Lebensmittelqualität, der eigentlich Standard sein sollte.

Vegan ist nicht ...

Wenn man vegan lebt, vermitteln einem Gleichgesinnte, dass man damit nicht nur den Tieren einen großen Gefallen tut, sondern auch der Umwelt. Das stimmt natürlich. Jeder Mensch kann seine CO2-Emissionen um mehr als 80 % reduzieren, wenn er sich für eine pflanzliche Lebensweise entscheidet. Das heißt jedoch im Umkehrschluss nicht, dass einem alles andere egal sein sollte.

- **Vegan ist nicht gleich gesund**

Man kann sich ausschließlich von stark verarbeiteten Fertigprodukten und Junkfood ernähren, die vegan sind, der Gesundheit ist dies aber nicht zuträglich. Viele Nicht-Veganer nehmen im Umkehrschluss an, dass sich Veganer NUR von Ersatzprodukten ernähren. Auch völliger Quatsch.

- **Vegan ist nicht gleich bio**

Konventionelle vegane Produkte können genauso Pestizide und Zusatzstoffe enthalten wie nicht-vegane Produkte.

- **Bio ist nicht gleich bio**

Es gibt Bio-Siegel, die Mindeststandards nach der EU-Ökoverordnung umsetzen. Die Bio-Handelsmarken der Supermärkte erfüllen fast immer nur diese Mindeststandards. Strenger bezüglich Tierhaltung, Inhaltsstoffe und Düngemittel sind die Auflagen der neun deutschen Anbauverbände. Die größten sind Bioland, Naturland und Demeter.

- **Vegan ist nicht gleich Zero Waste**

Der stark wachsende Markt an pflanzlichen Produkten kommt oft in aufwendigen Plastikverpackungen und Einzelportionen daher, die viel Müll produzieren und konventionelle Convenience Produkte imitieren. Bio bedeutet nicht automatisch Zero Waste. Viele Bio-Produkte sind wenig nachhaltig verpackt. Im Umkehrschluss gibt es aber bei manchen Bio-Firmen eine hohe Sensibilität für das Thema, sie verpacken umweltfreundlicher oder streben es an.

- **Vegan ist nicht gleich fair**

Wer sich um Tierleid Gedanken macht, sollte auch an fairer Bezahlung und Perspektiven für Menschen interessiert sein. Vegane Produkte zu Dumpingpreisen, vor allem bei Importware, bedeuten häufig Ausbeutung.

Frühling

APRIL • MAI • JUNI

APRIL

Obst

Rhabarber

Gemüse

Champignons
Lauch
Spargel
Spinat

Salat

Chicorée
Feldsalat
Portulak
Rucola

MAI

Obst

Erdbeeren
Rhabarber

Gemüse

Blumenkohl
Champignons
Frühlingszwiebeln
Kohlrabi
Lauch
Mangold
Radieschen
Spitzkohl
Wirsing

Salat

Batavia
Eichblattsalat
Endiviensalat
Kopfsalat
Lollo Rosso
Rucola

JUNI

Obst

Erdbeeren
Heidelbeeren
Himbeeren
Johannisbeeren
Kirschen
Rhabarber
Stachelbeeren
Süßkirschen

Gemüse

Blumenkohl
Bohnen, dicke
Brokkoli
Champignons
Erbsen
Fenchel
Frühlingszwiebeln
Gurke
Karotten
Kartoffeln
Kohlrabi
Lauch
Mangold
Radieschen
Rotkohl
Spargel
Spitzkohl
Weißkohl
Wirsing
Zucchini
Zuckerschoten

Salat

Batavia
Eichblattsalat
Eisbergsalat
Endiviensalat
Kopfsalat
Lollo Rosso
Rucola

Herbst

OKTOBER • NOVEMBER • DEZEMBER

OKTOBER

Obst

Äpfel
Birnen
Brombeeren
Holunderbeeren
Preiselbeere
Quitten
Trauben
Zwetschgen

Gemüse

Aubergine
Bete
Blumenkohl
Bohnen, grün
Brokkoli
Champignons
Fenchel
Gurke
Karotten
Kartoffeln
Knollensellerie
Kohlrabi
Kürbis
Lauch
Frühlingszwiebeln
Mais
Mangold
Paprika
Pastinake
Radieschen
Rosenkohl
Rotkohl
Schwarzwurzeln
Spinat
Staudensellerie
Steckrübe
Tomaten
Topinambur
Weißkohl
Wirsing
Zucchini
Zwiebeln

Salat

Chicorée
Eichblattsalat
Eisbergsalat
Endiviensalat
Feldsalat
Kopfsalat
Lollo Rosso
Portulak
Radicchio

NOVEMBER

Obst

Äpfel
Quitten

Gemüse

Bete
Champignons
Fenchel
Grünkohl
Knollensellerie
Kürbis
Lauch
Pastinake
Rosenkohl
Rotkohl
Schwarzwurzeln
Spinat
Steckrübe
Topinambur
Weißkohl
Wirsing

Salat

Chicorée
Endiviensalat
Feldsalat
Portulak
Radicchio

DEZEMBER

Gemüse

Champignons
Grünkohl
Lauch
Pastinake
Rosenkohl
Schwarzwurzeln
Steckrübe
Topinambur
Wirsing

Salat

Chicorée
Endiviensalat
Feldsalat
Portulak

Sommer

JULI · AUGUST · SEPTEMBER

JULI

Obst

Aprikosen
Brombeeren
Erdbeeren
Heidelbeeren
Himbeeren
Johannisbeeren
Kirschen
Mirabellen
Pfirsiche
Pflaumen
Stachelbeeren
Zwetschgen

Gemüse

Bete
Blumenkohl
Bohnen, grün
Bohnen, dicke
Brokkoli
Champignons
Erbsen
Fenchel
Frühlingszwiebeln
Gurke
Karotten
Kartoffeln
Kohlrabi
Lauch
Mangold
Paprika
Radieschen
Rotkohl
Staudensellerie
Tomaten
Weißkohl
Wirsing
Zucchini
Zuckerschoten
Zwiebeln

Salat

Batavia
Eichblattsalat
Eisbergsalat
Endiviensalat
Kopfsalat
Lollo Rosso
Portulak
Rucola

AUGUST

Obst

Äpfel
Aprikosen
Birnen
Brombeeren
Himbeeren
Heidelbeeren
Holunderbeeren
Johannisbeeren
Kirschen
Mirabellen
Pfirsiche
Pflaumen
Preiselbeeren
Stachelbeeren
Wassermelone
Zwetschgen

Gemüse

Aubergine
Bete
Blumenkohl
Bohnen, grün
Bohnen, dicke
Brokkoli
Champignons
Erbsen
Fenchel
Frühlingszwiebeln
Gurke
Karotten
Kartoffeln
Kohlrabi
Kürbis
Lauch
Mais
Mangold
Paprika
Radieschen
Rotkohl
Staudensellerie
Tomaten
Weißkohl
Wirsing
Zucchini
Zuckerschoten
Zwiebeln

Salat

Batavia
Eichblattsalat
Eisbergsalat
Endiviensalat
Kopfsalat
Lollo Rosso
Portulak
Radicchio
Rucola

SEPTEMBER

Obst

Äpfel
Birnen
Brombeeren
Heidelbeeren
Holunderbeeren
Mirabellen
Pflaumen
Preiselbeeren
Trauben
Quitten
Wassermelone
Zwetschgen

Gemüse

Aubergine
Bete
Blumenkohl
Bohnen, grün
Brokkoli
Champignons
Fenchel
Frühlingszwiebeln
Gurke
Karotten
Kartoffeln
Knollensellerie
Kohlrabi
Kürbis
Lauch
Mais
Mangold
Paprika
Pastinake
Radieschen
Rotkohl
Spinat
Staudensellerie
Steckrübe
Tomaten
Weißkohl
Wirsing
Zucchini
Zwiebeln

Salat

Batavia
Eichblattsalat
Eisbergsalat
Endiviensalat
Kopfsalat
Lollo Rosso
Portulak
Radicchio
Rucola

Winter

JANUAR · FEBRUAR · MÄRZ

JANUAR

Gemüse

Champignons
Grünkohl
Lauch
Pastinake
Rosenkohl
Schwarzwurzeln
Topinambur
Wirsing

Salat

Chicorée
Feldsalat
Portulak

FEBRUAR

Gemüse

Champignons
Grünkohl
Lauch
Pastinake
Rosenkohl
Schwarzwurzeln
Topinambur
Wirsing

Salat

Chicorée
Feldsalat
Portulak

MÄRZ

Gemüse

Champignons
Lauch
Pastinake
Rosenkohl
Spinat
Topinambur

Salat

Chicorée
Feldsalat
Portulak

Zero Waste (in der) Küche

Nicht nur bei dem Kampf gegen Lebensmittelverschwendung spielt Zero Waste eine Rolle, sondern auch in vielen anderen Bereichen des Haushalts, wo wir Müll vermeiden, Ressourcen schonen, Umwelt und Geldbeutel entlasten können.

REINIGUNGSMITTEL

Weniger ist mehr. Ein Universalreiniger, ein Spülmittel, ein Waschmittel, etwas zum Entkalken. Am nachhaltigsten sind **selbst gemachte Reinigungsmittel** aus Essig, Zitronensäure, Soda, Natron und Kernseife. Das Ideenportal **smarticular** hat dazu ein Buch veröffentlicht *(Fünf Hausmittel ersetzen eine Drogerie)*. Diese fünf Hausmittel können viele Putzmitteln ersetzen und man spart Verpackungsmüll. Bei **gekauften Reinigungsmitteln** unbedingt darauf achten, ökologische zu benutzen, die aus pflanzlichen Rohstoffen bestehen und auf Chemikalien und Farbstoffe verzichten. Sie sind leichter abbaubar, gesundheitlich verträglicher, enthalten kein Mikro-Plastik und viele Hersteller verwenden recyceltes Verpackungsmaterial. In Unverpackt-Läden gibt es Reinigungsmittel zum Abfüllen.

KAFFEESATZ

Kaffeesatz kann als Scheuermittel, Geruchsbeseitiger und sogar als Körperpeeling benutzt werden. Ich habe mir angewöhnt ihn auf einem kleinen Unterteller trocknen zu lassen, danach bewahre ich ihn in einem Schraubglas auf.

KAFFEE & TEE

Am Nachhaltigsten ist eine French Press / Espressokanne mit integriertem Filter. Für Filterkaffee gibt es Mehrwegfilter aus Baumwolle oder Edelstahl online zu bestellen. Statt Teebeutel losen Tee in Teeeiern oder Teesäckchen brühen. Es gibt auch Teekannen mit integriertem Filter.

PUTZTÜCHER

Der deutsche pro Kopf-Verbrauch von Hygienepapier (Klopapier, Küchenrolle, Taschentücher) liegt bei 18 kg. Küchenrollen sind praktisch, aber **Stofftücher** funktionieren genauso gut und sind wiederverwendbar. Saugstarke, waschbare Küchentücher gibt es in gut sortierten Bioläden zu kaufen, man kann sie aber auch aus alten Geschirrtüchern, T-Shirts o. Ä. selber machen. Damit sie nicht ausfransen, am besten mit einer Nähmaschine die Ränder abnähen. Frische Tücher bewahre ich in einer Kiste auf, die schmutzigen kommen – getrocknet – in die Schmutzwäsche. Sonst fangen sie zu riechen an. Damit sie während des Gebrauchs nicht im Waschbecken liegen, hänge ich sie an einen Haken über der Spüle. Zum Abtrocknen verwende ich **Geschirrtücher**, aber auch um frische Kräuter oder Gemüse darin einzuschlagen oder Schüsseln mit Schüssel oder Teller obendrauf, um z. B. Hefeteig abzudecken.

ABSPÜLEN

Ich versuche immer schon während des Kochens aufzuräumen. Um später weniger Arbeit zu haben, **weiche** ich Dinge wie Besteck, Tassen und Teller in einer benutzten Schüssel oder einem Topf **ein**. Vor dem Spülen nehme ich alles heraus und fülle die Spüle maximal **ein Drittel** mit Wasser und Spülmittel. Da ich nur ein Becken habe, spüle ich den Schaum über der Spüle ab. Deshalb mache ich sie am Anfang nicht voller, da ja noch genug Wegspülwasser dazukommt. Hartnäckige Verkrustungen weiche ich mit **Backpulver** für einige Stunden ein und bearbeite sie mit einem Kupfertuch / -schwamm. Diese sind sogar in der Maschine waschbar. Zum Spülen benutze ich **Holzbürsten mit auswechselbarem Spülkopf** und **Spülschwämme aus recyceltem PET**. Da ich oft viel zu spülen habe, verwende ich gerne Haushaltshandschuhe. Diese gibt es mittlerweile fair gehandelt aus Naturkautschuk. Wenn man sie immer gut abspült und nach Gebrauch zum Trocknen aufhängt, halten sie einige Monate. Bei Spülmaschinen-Benutzung empfehle ich ein möglichst sparsames Modell, den wassersparenden **Eco-Waschgang** und ökologische Reinigungsmittel **ohne Plastikverpackung**.

KOCHEN / BACKEN

Kochen mit Deckel spart ein Drittel an Energie. Fünf Mal pro Woche sind das rund 46 € Stromkosten im Jahr. Töpfe aus **Gußeisen** leiten die Temperatur besser und kochen so gleichmäßiger und schneller. **Schnellkochtöpfe**, besonders gut für Hülsenfrüchte, verkürzen die Kochzeit auf bis zu ein Drittel und sparen die Hälfte der Energie. **Hochwertige Pfannen** haben eine bessere Leitfähigkeit und sparen Energie. Statt Einweg-Backpapier verwende ich **wiederverwendbare Silikon-Backmatten**, die nach der Benutzung gereinigt werden. Die gibt es in Küchenfachgeschäften und Online-Shops. Bei manchen Gerichten reicht es auch das Backblech einfach einzufetten. Moderne Backbleche verfügen oft über eine Anti-Haft-Beschichtung, die Backpapier überflüssig macht.

AUFBEWAHRUNG

Zur Lagerung trockener Lebensmittel verwende ich **Gläser**, teils leer gekauft, teils von gekauften Produkten. Ich sammle sie in einer Kiste und verwende sie für alles: Zur Aufbewahrung trockener und frischer Lebensmittel, zum Transport von Essen, als Coffee-To-Go- und Smoothie-Becher. Für Essensreste verwende ich **Edelstahl-Boxen**, Gläser oder einfach eine Schüssel mit einem Teller als Deckel drauf. Gläser mache ich **immer ganz leer.** Bei Nussmus oder Marmelade schwenke ich das Glas mit Wasser/ Pflanzenmilch aus und verwende die Flüssigkeit für Müsli / Porridge, bei Senf / Öl / Essig, bereite ich im Glas ein Dressing zu und verbrauche so die dort verbliebenen Reste. Flüssigkeit von Essiggurken, Kimchi oder anderem eingelegtem Gemüse sind super **zum Würzen** von Saucen, Dressings und Aufstrichen. Gläser in denen Salz oder Zucker / Sirup war, schwenke ich auch mit lauwarmem Wasser aus und verwende dieses zum Salzen / Süßen. Essentiell wichtig sind **Trichter und Teigschaber**. Mithilfe von Trichtern bekommt man die letzten Reste aus Flaschen und Gläsern und kann Gewürzmühlen ohne Streuverlust füllen. Ich empfehle einen schmalen und einen Marmeladentrichter mit breitem Hals. Mithilfe eines langstieligen Teigschabers lassen sich Mixer, Gläser, Schüsseln optimal leeren. **Gummiringe** sammle ich zur Wiederverwendung an einem Haken, viele stammen von gebündeltem Gemüse wie Radieschen oder Frühlingszwiebeln.

MÜLL

Mülltrennung sollte selbstverständlich sein und fängt bei der Aufbewahrung an. **Hochwertige Mülleimer** sind langlebig und verhindern Gerüche. Es gibt Modelle aus recycelten bzw. sehr langlebigen Materialien mit Garantie. Statt Mülltüten zu kaufen, verwende ich solche, die ich bei nicht zu vermeidenden Gelegenheiten bekomme (Umverpackungen, Geschenke, ...). Für Biomüll verwende ich einen **Edelstahl-Komposteimer** mit Deckel. Wenn er voll ist, bringe ich ihn zur Biotonne und brauche so **keine Mülltüte**. Ich habe seit Jahren keine Mülltüte mehr gekauft, es kommen immer noch genug Tüten unfreiwillig zu mir, die ich immer aufhebe und

wiederverwende. Plastikmüll und Pfandflaschen sammle ich in Stoffbeuteln, die bei Bedarf gewaschen werden. **Stoffbeutel in allen Größen** verwende ich zum Einkauf, für lose unverpackte Waren (kleine Beutel), frisch gebackenes Brot u. v. m. Ich habe immer einen Vorrat frisch gewaschener Stoffbeutel, bei Bedarf – in einem Stoffbeutel!
Zusätzlich versuche ich Müll zu vermeiden, wo es geht. Gemüse und Obst kaufe ich (fast) nur noch **lose**, wenn Beeren in einer Schale portioniert sind, wähle **Pappe statt Plastik**. Statt tiefgefrorene Beeren zu kaufen, versuche ich, im Sommer frische Beeren einzufrieren. Brot und Brötchen lasse ich mir beim Bäcker **direkt in einen Stoffbeutel** packen, Trockenprodukte versuche ich möglichst in Unverpackt-Läden, in Läden mit Abfüll-Angebot zu kaufen oder in größeren Mengen. Das lohnt sich vor allem für größere Familien / Lebensgemeinschaften. Super sind auch **Biokisten**. Man bekommt hierüber frisches Obst und Gemüse direkt vom Bauern, unterstützt lokale Landwirtschaft und spart Verpackung. Online gibt es ein Verzeichnis für ganz Deutschland: **https://biokisten.org/**

KÜCHENTOOLS (→FOTO RECHTS)

- Kaffeebecher von Kaffeeform aus gepresstem Kaffeesatz
- Teigschaber und Trichter in verschiedenen Größen
- Edelstahl-Boxen für unterwegs
- Göffel (Hybrid aus Löffel und Gabel) für unterwegs
- Taschenmesser für unterwegs
- Stoffbeutel für Brot / Trockenware / Obst
- kleines Schraubglas für Dressings für unterwegs
- wiederverwendbares Wachstuch (vegan)

FAZIT

- **Wenige, dafür qualitativ hochwertige,** langlebige Küchenutensilien aus Plastikalternativen (Edelstahl, Holz)
- **Vorhandene Dinge „aufarbeiten"** außer bei BPA-haltigem Plastik – weg damit in die Wertstofftonne. Dieser Zusatzstoff birgt gesundheitliche Risiken und hat in der Nähe von Lebensmitteln nichts zu suchen!
- **Sukzessive in gute Qualität investieren:** Töpfe, Pfannen, Küchenmaschinen, Schüsseln, Mülleimer, Werkzeug (Messer, Schaber, Pfannenwender, Trichter, Reiben, Sparschäler, Schneidebrett, Gewürzmühle, Kaffeezubereiter) – spart Energie und Nerven, bringt bessere Ergebnisse und senkt die Stromrechnung!
- **Qualität statt Quantität:** Wer mehr für giftfrei und sorgsam erzeugte Lebensmittel zahlt, nimmt auch deren Wert anders wahr. Warum bei mir nur möglichst regional erzeugte Bio-Qualität auf den Teller kommt, verrate ich euch auf →*Seite 16*. Zu teuer? Wer überlegt saisonal einkauft, frisch kocht und seine Küche auf der Basis günstigerer Lebensmittel wie Hülsenfrüchte, Getreide, Kartoffeln, Zwiebeln, Karotten, Kohl aufbaut, kann sich auch mit kleinem Budget Bio-Lebensmittel leisten. Müde und angeschlagene Frischware werden in Biosupermärkten und auf Märkten preisreduziert angeboten oder sogar verschenkt.

Mindesthaltbarkeitsdatum

Wenn wir über Lebensmittelverschwendung sprechen, müssen wir über das Mindesthaltbarkeitsdatum, kurz MHD, sprechen. Es ist nicht identisch mit dem Verbrauchsdatum, wird aber von vielen Konsumenten so gehandhabt. Es handelt sich hierbei um ein Gütesiegel für die Qualität von Farbe, Geruch, Konsistenz und Geschmack des Lebensmittels, das von Herstellern nach eigenem Ermessen festgelegt wird und sie gegen Reklamationen schützen soll. Laut Studienergebnissen ist der Ablauf des MHD mit 43 % einer der Hauptgründe, warum Menschen Essen wegwerfen, obwohl die meisten Lebensmittel noch weit über den Ablauf hinaus gegessen werden können. Im Gegensatz zum Verbrauchsdatum für leicht verderbliche Lebensmittel wie Frischfleisch und Fisch, das nach Ablauf weder verkauft noch verzehrt werden darf. Für viele Produzenten ist das MHD natürlich ein gutes Geschäft, weil sie dadurch mehr verkaufen können und weniger Beschwerden bekommen. Zum Glück gibt es sowohl von der Industrie als auch von Verbraucherseite Initiativen gegen diesen Missstand: Das Institut für Lebensmittelwertschätzung möchte das sogenannte Mindestverzehrfähigkeitsdatum (MVD) einführen, das Konsumenten zusätzlich zum MHD informiert, wann ein Produkt nicht mehr verzehrt werden sollte. **Mein Rat: Benutzt eure 5 Sinne,** damit merkt man fast immer, ob ein Lebensmittel noch verzehrbar ist oder nicht!

Ökobilanz

Im 2. Kapitel des Buches wird die Ökobilanz bestimmter Lebensmittel thematisiert. Das Messen der Ökobilanz ist ein Verfahren zur Abschätzung der Auswirkungen eines Produktes und seines Herstellungsprozesses auf die Umwelt. Auch für Verfahren, Dienstleistungen und Verhaltensweisen lässt sich eine Ökobilanz errechnen. Die Ergebnisse von Ökobilanzen können sowohl für Endverbraucher als Anhaltspunkte für Konsumentscheidungen aber auch für Erzeuger zur Optimierung für eine nachhaltige Produktion genutzt werden. Bei der Erstellung werden die verschiedenen Stadien eines Produkts bzw. Verfahrens auf ihre Umweltrelevanz untersucht. Diese umfassen die Bereiche Rohstoffgewinnung, Herstellung, Verarbeitung, Transport, Gebrauch, Nachnutzung, Abfall, Abwasserreinigung und Entsorgung. Es gibt verschiedene Arten:

- Ökobilanz, die den **Umweltaspekt eines Produkts** beleuchtet
- Vergleichende Ökobilanz, die eine **Gegenüberstellung mehrerer Produkte** ermöglicht
- Ganzheitliche Bilanzierung, die **wirtschaftliche, technische und / oder soziale Aspekte** mit berücksichtigt

Nachhaltigkeit als Selbstverständlichkeit

Meine größte Herausforderung bei der Umsetzung dieses Buches war es Dinge, die für mich so selbstverständlich erscheinen herauszuarbeiten und zu teilen.
Ich bin so verdammt nachhaltig aufgewachsen, dass mein Radarblick immer offene Fenster bei aufgedrehter Heizung, Lichtquellen in unbenutzten Räumen, auf dem Teller liegen gebliebene Essensreste und tropfende Wasserhähne scannt, egal wo ich mich grade befinde.
Ich habe als Kind gelernt, dass Wasser, Strom und Essen wertvolle Ressourcen sind, die man nicht verschwenden darf. Und Atomstrom böse, spätestens nach Tschernobyl war das klar. Es ist wie eine Brille, die ich auch in der Küche gar nicht absetzen kann.
Wenn ich einen angeschlagenen Apfel sehe, denke ich nicht über die braune Stelle nach, sondern über die 80 % intaktes Fruchtfleisch und was ich damit noch alles anstellen kann. Ich sehe keine Mängel, sondern Möglichkeiten. Ich finde Lösungen. Müdes Gemüse erzeugt bei mir keinen Ekel, sondern eher eine Art Mitgefühl es in kaltem Wasser aufzupeppen und geschmackvoll zu verarbeiten.

Aufgrund des herrschenden Überflusses an frischem Obst und Gemüse betreiben wir sogenanntes Cherry picking *(= deutsch Rosinen picken)* und wollen nur die schönsten, unbeschädigten, der Norm entsprechenden Früchte auf dem Teller. Was wir dabei aber verdrängen, ist, dass die Krummen, Angeschlagenen trotzdem existieren und oft direkt vom Feld im Müll landen.

Wir sollten wieder lernen, die von industrieller Werbemacht anerzogene Skepsis gegenüber nicht der Norm entsprechendem, nicht tagesfrischem Essen in eine Unschuldsvermutung umzukehren und auf unser Bauchgefühl zu hören. Essen wegschmeißen fühlt sich nicht gut an.

Und auch, wenn die in meiner Kindheit viel zitierten „Kinder in Afrika" nicht von meinen Essensresten direkt satt werden, hat unser Konsumverhalten eine enorme Auswirkung auf die Lebensbedingungen von Menschen in ärmeren Ländern, deren Böden allzu oft für unsere Märkte ausgebeutet werden. Bananen →*Seite 38*, Kaffee und Schokolade →*Seite 120* sind die eindringlichsten Beispiele. Wir tragen Verantwortung. Und der sollten wir uns stellen, indem wir uns informieren und ein paar einfache Verhaltensweisen aneignen. Das ist nicht schwer und kann doch eine Menge bewirken. Das Beste: Es schmeckt auch noch köstlich.

Einfache Schritte im Alltag

WENIGER EINKAUFEN, ÜBERBLICK BEHALTEN

Als Kinder einer Überflussgesellschaft neigen wir dazu, zu viel einzukaufen. **Mein Tipp: Pro Person nur so viel kaufen, wie ihr alleine tragen könnt, also etwa eine gut gefüllte Stofftasche.** Bei frischen Produkten darauf achten, dass nicht alle schon nach zwei Tagen verzehrt werden müssen. Wenn ich mich auf dem Markt vom Angebot leiten lasse, schaue ich zu Hause **was als Erstes verzehrt werden muss:** Beeren? Werden sofort gewaschen, sortiert, die angeschlagenen püriert und somit haltbar gemacht. Salate? Frischen Feldsalat gibt's am Tag des Einkaufs, Endiviensalat oder Chinakohl im Laufe der Woche. Traut euch auch mal die Vorräte bis zur Neige zu verarbeiten. Das fördert die Kreativität und ihr werdet Spaß daran finden aus dem, was da ist zu kochen. Bei mir ist es schon zu einer Art Tick geworden …

ZU VIELE RESTE

Eine Reise steht bevor und es liegt noch zu viel rum. **Verschenkt die Lebensmittel** in eurer Familie / Freundeskreis oder über **https://foodsharing.de/**, verwendet sie als Reiseproviant oder macht sie haltbar: Eingelegt oder blanchiert / eingefroren habt ihr nach eurer Rückkehr Obst- und Gemüse-Vorräte, aus denen sich schnell eine Suppe / Nudelsauce oder eine Beilage für ein süßes Frühstück bereiten lässt, selbst wenn der Kühlschrank sonst leer ist. Viele (pflanzliche) Milchprodukte, Tofu und tierische Produkte lassen sich super einfrieren.

INVENTUR

Bei Trockenprodukten sammelt sich oft einiges im Vorratsschrank. Schaut vor der Kochplanung, was vorhanden ist: Mehl? Was lässt sich daraus machen außer Kuchen? Pfannkuchen, Fladenbrot, Pizza, Pasta, Strudel. Reispapier / Nori-Blätter? Daraus wird idealer Proviant für die nächste Reise → *Seite 149*. Ich versuche **einmal im Jahr einen Monat keine neuen Trockenprodukte zu kaufen** und alle Reste aufzubrauchen, die noch herumliegen – geht besonders gut zum Jahresbeginn.

IMPROVISATION

Je häufiger ihr es wagt, desto einfacher wird es, kreativ zu improvisieren. Wer **Lebensmittel als Werkstoff** begreift, kann sich die Fähigkeiten aneignen, etwas daraus zu kreieren. Alle Rezepte in diesem Buch sind dazu gedacht variiert und kombiniert zu werden. Ihr dürft statt Salbei Oregano verwenden und statt Rucola Feldsalat. Getrocknete Feigen können genauso einen grünen Salat aufpeppen wie frische Heidelbeeren. Paprika lassen sich mit Reisresten genauso lecker füllen wie mit gekochter Hirse. Statt Zitronensaft funktioniert auch Apfelessig zum Abschmecken. Herzhafter Eintopf schmeckt mit Zwiebeln genauso gut wie mit Lauch. Pommes kann man aus Kartoffeln, Süßkartoffeln, Sellerie und Steckrübe selbst machen. **Tauscht aus, experimentiert, traut euch!**

ALLES VERWENDEN

Ich finde die Leaf to Root-Philosophie grandios und sie wird auch in diesem Buch mitgedacht, etwa wenn es um die Verwendung von Gemüseblättern geht. Nur habe ich festgestellt, dass sie Menschen, die noch am Anfang ihrer Kocherfahrung stehen manchmal überfordert.

Wenn ich es noch nicht mal schaffe die Möhre zu verwerten, bevor sie mir weg gammelt, wie soll ich da noch an Brühe aus Gemüseschalen denken? Deshalb versuche ich erst mal ein Gesamtverständnis zu vermitteln und plädiere dazu das aufzubrauchen, was schon da ist. Und wenn das immer leichter fällt, kann man nächste Schritte wagen, wie: Gemüsebrühe aus Schalen kochen, Abrieb von Zitrusfrüchten trocknen und zum Würzen verwenden oder Schalen kandieren, Tee aus Apfelschalen brühen und vieles mehr.

Einlegen und Fermentieren

Beides sind tolle Methoden der Haltbarmachung, doch was ist der Unterschied? Beim Einlegen wird das Gemüse mit einem Essigsud, Alkohol, einer Salzlake oder Öl begossen, der es haltbar macht und Keimbildung verhindert. Mein Grundrezept für essigsaures Einlegen findet ihr auf → *Seite 215*. Zwei Dinge gilt es dabei zu beachten:

- Gemüse, das ihr sonst auch nur gekocht essen würdet, **muss davor bissfest gekocht werden** (Bohnen, Rhabarber, Kartoffeln, Auberginen).
- **Die Einmachgläser müssen sterilisiert werden.** Die Gläser werden dafür zusammen mit den Deckeln für 10 Minuten in einem großen Topf mit heißem Wasser ausgekocht. Wichtig ist nur, dass sie anschließend nicht mehr dreckig werden. Deshalb empfehle ich, sie mit einer sauberen Bratzange, statt mit den Händen aus dem Wasserbad zu fischen.

Fermentation ist so ziemlich das Gegenteil. Durch gesunde, verdauungsfördernde Milchsäurebakterien findet ein „kontrolliertes Verrotten" statt, das schädliche Keime verhindert. Man kann unzählige Fermentationsprodukte selbst herstellen: Sauerkraut, Kimchi, milchsaures Gemüse, Sauerteig, Kombucha, probiotische Lebensmittel – die Bandbreite ist schier unerschöpflich. Meine persönlichen Tipps für Bücher und Onlinekurse zum Thema findet ihr auf → *Seite 240*.

Sprossen ziehen ...

... ist eine tolle Möglichkeit, auch im Winter frisches Grün auf dem Teller zu haben. Regionaler geht's nicht. Sie sind randvoll mit pflanzlichem Eiweiß, Vitaminen, Ballaststoffen, Mineralien und es geht ganz einfach entweder in einem speziellen Sprossenglas oder in einer Edelstahlschüssel. Man kann Sprossen-Samen kaufen (Radieschen, Kresse, Alfalfa, Rettich) oder Getreide / Hülsenfrüchte in unbehandelter Bio-Qualität: Mungbohnen, Linsen, Weizen, Roggen, Kamut, Quinoa, Sonnenblumenkerne, Buchweizen, ...

- Die Samen acht Stunden in Wasser einweichen, damit sie quellen. Wasser abgießen und gut in einem Sieb abtropfen lassen. Wieder in die Schüssel geben. Bei Zimmertemperatur sprießen lassen.
- Täglich 2–3 Mal am Tag abspülen und immer gut abtropfen, bevor sie zurück in die Schüssel wandern.
- Nach 3–4 Tagen sind die Sprossen fertig gekeimt. In ein sauberes Glas in den Kühlschrank packen und innerhalb von 2 Tagen verzehren.

TIPPS
- Einweichwasser hinterher zum Blumengießen benutzen.
- Nur so viele Sprossen ziehen, wie man in kurzer Zeit auch essen kann.
- Die Wurzeln bilden manchmal einen weißen essbaren Flaum, das ist kein Schimmel!
- Riechen sie modrig oder sehen komisch aus? Im Zweifelsfall lieber neu ansetzen.
- Passt zu Salaten, Hauptmahlzeiten, aufs Brot oder als gesunder Frühstücksbrei mit Fruchtpüree.

Lebensmittel

Auf den folgenden Seiten finden sich Informationen, Fakten und Verwertungstipps zu 40 Lebensmitteln bzw. Lebensmittelgruppen. Diese sind subjektiv nach mehreren Gesichtspunkten ausgewählt:
Durch Leser*innen-Befragung, Studienergebnisse und Gesundheitsempfehlungen, ihrer Beliebtheit in unseren Küchen und kulinarischem Bauchgefühl. Generell Lebensmittel, die häufig weggeworfen werden, mehr Wertschätzung erfahren sollten und die Basis für eine ausgewogene Ernährung darstellen.
Die Lebensmittel sind nicht zwingend nach botanischer Zugehörigkeit geordnet, sondern so, wie sie in unserem alltäglichen Gebrauch Sinn ergeben. Bananen und Tomaten sind aus botanischer Sicht Beeren, wir assoziieren damit aber doch eher Erdbeeren und Himbeeren. Süßkartoffeln und Kartoffeln sind zwar nicht so eng verwandt wie ihr Name vermuten lässt, werden aber oft ähnlich verwendet. Hülsenfrüchte sind so vielseitig, dass Erbsen, Linsen, Bohnen und Kichererbsen separat abgehandelt werden. Manche Lebensmittel wurden bewusst weggelassen, weil sie etwa anderen im Gebrauch ähnlich sind (Äpfel / Birnen) oder selten ein Verwertungsproblem haben (Nudeln / Kaffee) bzw. ähnliche Fakten, z. B. was Fairtrade betrifft (Schokolade / Kaffee).
Wenn ihr also ein bestimmtes Lebensmittel verwerten wollt und NICHT in diesem Buch findet: Überlegt, welches Vorhandene ihm aufgrund von Geschmack / Beschaffenheit / Verwertung am Nächsten kommt und wenn das zu keinem Ergebnis führt, schaut, ob einer dieser Short Cuts funktioniert:

PÜRIEREN

Gekocht oder roh, zur Verwendung für Suppen / Saucen / Dips / Aufstriche / Püree / Süßspeisen / Smoothie / Eiscreme

ZERKLEINERN

Ob geraspelt, geschnippelt, zerbröselt, zerstampft. Roh, geröstet, mariniert. Als Zugabe zu Salaten, Hauptgerichten, als Topping. Viele leicht müde Lebensmittel haben zerkleinert noch genug Frische zur Weiterverwendung.

TROCKNEN

Kräuter, Gemüsechips, Früchte – ob in der heißen Sommersonne, im Dörrautomaten oder bei niedriger Temperatur im Backofen, eine aromatische Haltbarmachung.

EINLEGEN

Süßsauer einlegen, einkochen zu Marmelade oder Kompott. Sirup draus herstellen.

EINFRIEREN

Ob roh oder blanchiert, viele Lebensmittel lassen sich kurzfristig durch Einfrieren länger haltbar machen, z. B. vor einer Reise oder nach einem Fest, wenn zu viel übrig geblieben ist.

„*Wissen ist das geheime Gewürz einer guten Köchin.*“

02
Lebensmittel

SAISON, KAUF, LAGERUNG, HALTBARKEIT, ZERO WASTE PROBLEME, FUN FACTS UND VERWERTUNGSIDEEN

Majoran

Lebensmittel

Fakten & Wissenswertes über …

ÄPFEL
BANANEN
BEEREN
BETE
BLATTGEMÜSE (SPINAT / MANGOLD)
BOHNEN
BLUMENKOHL / BROKKOLI / ROMANESCO
BROT
EIER
ERBSEN
FISCH
FLEISCH
GEBÄCK
GETREIDE / PSEUDOGETREIDE
GETREIDEFLOCKEN
GURKEN
KAROTTEN
KARTOFFELN / SÜSSKARTOFFELN
KICHERERBSEN
KOHL
KOHLRABI
KRÄUTER
KÜRBIS / ZUCCHINI
LINSEN
MAIS / MAISMEHL
MEHL
MILCHPRODUKTE
NÜSSE & SAMEN
PAPRIKA
REIS
RETTICHE
SALATE
SAUCEN & SENF
SCHOKOLADE
SEITAN / TEMPEH / TOFU
SELLERIE
STEINOBST
TOMATEN
TROCKENFRÜCHTE
ZWIEBELN

Äpfel

Äpfel sind irre gesund und somit zurecht das beliebteste Obst in Deutschland.

Sie besitzen über 30 Vitamine und Spurenelemente, Kalium und viele andere wertvolle Mineralstoffe wie Phosphor, Kalzium, Magnesium und Eisen.

KAUFEN

Nur bei Äpfeln aus biologischem Anbau kann man sicher sein, dass keine Pestizide gespritzt wurden. Da 70 % der Nährstoffe direkt in oder unter der Schale sitzen, wäre es schade, diese abschälen zu müssen. Experten empfehlen zwar konventionelle Äpfel mit einer Mischung aus Natron und Wasser abzuschrubben, aber ganz ehrlich: Da kaufe ich doch lieber gleich das Produkt ohne Gift, denn man schmeckt ihn auch, den Unterschied.

> *„An apple a day keeps the doctor away …"*
>
> SPRICHWORT

SAISON

Die Hauptsaison der Apfelernte geht hierzulande von August bis Oktober. Einige wenige Sorten sind schon im Mai, Juni und Juli erntereif. Regionale Lagerware gibt es etwa von November bis März. Die einzige Zeit in der hierzulande keine Äpfel verfügbar sind, wird mit Importware aus Neuseeland oder Argentinien überbrückt. Da die Langzeitlagerung regionaler Äpfel in Kühlhäusern äußerst energieaufwendig ist, gibt es Fürsprecher der einmal um die Welt gereisten Früchte, deren Energiebilanz (bei Transport mit dem Schiff, nicht aber mit dem Flugzeug) niedriger sei.

EMPFEHLUNG

Wenn ihr eine Lagermöglichkeit habt, besorgt euch bei einem Bauern in der Umgebung selbst einen Vorrat, braucht diesen auf, solange er reicht, und esst in der Zeit in der es nur Importware gibt einfach andere saisonale Früchte. Greift stattdessen auf haltbare Produkte wie Apfelmus, -kompott oder getrocknete Äpfel zurück, am besten selbst gemacht oder in Bio-Qualität.

LAGERUNG

Vor dem Einlagern auf Faulstellen, Wurmlöcher und Druckstellen überprüfen, beschädigte Äpfel aussortieren (und verarbeiten). Die Früchte sollten trocken sein. Lieber trocknen lassen als trocken reiben, sonst wird die natürliche Wachsschicht beschädigt, die vor Pilzsporen schützt. Das Lager sollte kühl und frostfrei sein. Geeignet sind z. B. Keller, Garage, Gartenhaus, Speicher oder eine geschützte Ecke auf dem Balkon / der Terrasse ohne direkte Sonneneinstrahlung. Am besten eignen sich Regalbretter aus Holz, die zuvor mit einem essiggetränkten Lappen abgewischt und nach dem Trocknen mit Zeitungspapier ausgelegt werden. Legt die Äpfel am besten mit dem Stiel nach unten auf dem Regal aus, ohne dass die Früchte sich gegenseitig berühren. Muss das Obst aus Platzgründen schichtweise eingelagert werden, solltet ihr Wellpappe zwischen die Schichten legen.

TRICK

Äpfel enthalten das Reifegas Ethylen. Wenn man sie mit harten Früchten wie Kiwis oder Avocados oder auch unreifen Tomaten in eine Schüssel gibt, reifen diese hervorragend nach.

SNACK & PFLEGE

Der beste Reiseproviant der Welt! Durch ihren Trauben- und Fruchtzucker liefern Äpfel schnell Energie und löschen Durst, da sie zu 85 % aus Wasser bestehen. Fruchtsäuren und Ballaststoffe haben einen zahnreinigenden Effekt und dienen als Zahnbürstenersatz für unterwegs.

„… but if the doctor's cute, forget about the fruit!“

ERGÄNZUNG DER AUTORIN

ZERO WASTE PROBLEM

Angeschlagene Äpfel werden oft entsorgt / nicht gekauft, obwohl sie nur eine faule Stelle haben obwohl noch 80–90 % der Frucht einwandfrei sind. Sie können problemlos ausgeschnitten und weiterverarbeitet werden. Dasselbe gilt für unkonventionell geformte oder runzelige, nachgereifte Äpfel, sie schmecken zwar pur nicht mehr so knackig, lassen sich aber hervorragend verarbeiten.

VERWERTUNG

- **Apfelkuchen / -strudel / -crumble / -mus / -kompott / -brot / -marmelade / -sauce**
- **Apfelmus** als Basis für vegane Rührteige (Ei-Ersatz)
- in feinen Scheiben im grünen **Salat**, z. B. in Kombination mit Nüssen, Samen, Kernen
- zusammen mit Zwiebeln in der Pfanne karamellisiert als **Topping** auf Kartoffelstampf (göttlich!)
- im Smoothie oder als Saft aus dem Entsafter, zusammen mit Pflanzenmilch und Zimt: **Bratapfelsmoothie**
- **Brat- oder BBQ-Apfel** (Ofen oder Grill), nach Belieben mit Schoko-, Nuss- oder Marzipanfüllung
- **Rohkostsalat** zusammen mit Karotten, Zucchini, mariniert mit Zitronensaft, hält im Kühlschrank tagelang und lässt sich beliebig zu Bowls und Lunch-Gerichten kombinieren
- getrocknete **Apfelringe / Apfelschalentee**
- **Apfel-Kohl-Gemüse / -Salat**
- Schnelle **Tarte Tartin** mit gekauftem veganem Blätterteig
- **Apfelporridge / -grießbrei**

FAZIT

Je angeschlagener / nachgereifter der Apfel, desto besser eignet er sich zum Verbacken/Verkochen. Je frischer er ist, desto besser schmeckt er ungekocht im Salat, Müsli oder auf die Hand.

Bananen

Bananen sind das beliebteste Importobst überhaupt und nach Äpfeln hierzulande auf Platz zwei im Ranking der liebsten Obstsorten. Bananen wachsen nicht regional, sind aber aus unserem Speiseplan nicht mehr wegzudenken. Sie sind reich an Kalium, Kalzium, Magnesium und Vitamin C, weshalb sie gerne nach dem Sport oder als Reiseproviant verzehrt werden. Außerdem kommen sie in einer praktischen natürlichen Verpackung und sind schön weich und süß, sodass sie bei allen Altersstufen beliebt sind.

GESCHICHTE

Auch Paradiesfeigen genannt sind unsere heutigen Dessertbananen sorgfältig gezüchtete Kreuzungen, die fast nur noch aus aromatischem Fruchtfleisch bestehen. Im Gegensatz dazu sind Wildbananen viel kleiner und haben viele harte Kerne. Bananenplantagen bildeten Ende des 19. Jahrhunderts mitunter die ersten industrialisierten Monokulturen, für die damals schon Regenwälder abgeholzt und Menschen in den Anbaugebieten ausgebeutet wurden. Mit Eisenbahnen und Dampfschiffen gelang es, große Mengen nach Europa zu transportieren und die Frucht für jeden zugänglich zu machen. Davor waren Bananen ein Luxusgut.

KAUFEN

Der Kilopreis von Bananen ist seit 20 Jahren fast gleich. Oft kosten Bananen weniger als regionale Äpfel. Im konventionellen Handel gehen 5 % an die Bauern. Den größten Gewinn macht der Einzelhandel (31 %).

Wer diese ausbeuterische Preispolitik nicht unterstützen möchte, sollte unbedingt zu Bio-Fairtrade-Bananen greifen. Auch deshalb, weil Bio-Bananen ökologisch oft nachhaltiger angebaut werden, z. B. in Misch- statt Monokulturen und auf kleineren Plantagen. Und natürlich ohne den Einsatz von Pestiziden.

Mit der Fairtrade-Prämie können die Arbeitsbedingungen verbessert, nachhaltigeres Wirtschaften ermöglicht und die Kommunen gestärkt werden.

SAISON

Bananen gibt es bei uns das ganze Jahr über.

LAGERUNG

Frisch gekaufte Bananen bei Zimmertemperatur lagern. Reife Bananen bleiben im Gemüsefach des Kühlschranks 1–2 Wochen fest, auch wenn sie außen braun werden. Die Kühle verzögert den Reifungsprozess, stoppt ihn aber nicht. Wenn ihr reife Bananen zusammen mit unreifen Früchten wie etwa Birnen lagert, verzögert das den Reifungsprozess der Banane und beschleunigt den der Birne.

ZERO WASTE PROBLEM

Aufgrund der Europäischen Bananenverordnung müssen diese eine Länge von mindestens 14 cm und eine Breite von mindestens 27 mm aufweisen, um im Handel verkauft werden zu dürfen. Somit werden aus der Norm fallende Früchte direkt vernichtet, was eine enorme Ressourcenverschwendung darstellt. Einzelne oder leicht angeschlagene Bananen bleiben im Supermarkt oft liegen, weil die Konsumenten lieber zu Bündeln greifen.

> ***„Die Banane ist das einzige legale krumme Ding!“***
>
> SPRICHWORT

EMPFEHLUNG

Die meisten bei uns verzehrten Bananen kommen aus Mittelamerika und haben eine schlechte Ökobilanz (Transportweg, Lagerung, Kühlung). Seit mir das bewusst ist, kaufe ich Bananen bewusster und nicht permanent in Mengen, sondern nur, wenn ich richtig Lust drauf habe oder als Reiseproviant. Außerdem kaufe ich immer die einzelnen, schon etwas reiferen Bananen.

VIELFALT VS. EINFALT

Wusstet ihr, dass wir weltweit fast alle die gleiche Bananensorte essen? Sie heißt Cavendish und ist industriell gut verwertbar durch niedrige Staudenhöhe und Wetterbeständigkeit. Die Monokulturen sind aber sehr anfällig für Schädlinge und Pilzbefall, was wiederum mit Pestiziden und Gentechnik bekämpft wird. Schade eigentlich, gibt es doch weltweit über 1000 essbare Sorten wie die rosa Wildbanane, rote und orange Bananen, die kleinen süßen Señorita Bananen, die Kochbanane oder die grün gestreifte, leicht bitter schmeckende Ae Ae Banane. Wie toll wäre mehr Vielfalt im Bananenregal?

VERWERTUNG

- gefroren, in Stücken: als Grundlage für köstliche **Bananen-Eiscreme** (püriert pur oder verfeinert mit Kakaopulver, etwas Pflanzenmilch, Erdnussbutter, Nüssen, …)
- gefroren: für **Green Smoothies** (gemischt mit Spinat, Grünkohl, Sellerie, Ingwer, Apfel, …)
- gefroren, im Ganzen: für **Bananenbrot und -kuchen**, ins Porridge
- püriert als **Eiersatz** in süßen Rührteigen oder für schnelle Kekse mit Getreideflocken → *Seite 153*
- mit Kakao vermischt als Basis für **Desserts** und **Cremefüllung** für Torten
- mit Pflanzenmilch und Stärke zu **Pudding** gekocht
- im Dörrgerät getrocknet für **Müsli**, **Dessert-Deko**

FAZIT

Wir sollten weniger dafür aber fair und nachhaltig produzierte Bananen kaufen. Auch ältere und fleckige Bananen sollten verwendet werden und wer sie nicht als Snack, sondern als Zutat für Gerichte sieht, denkt nicht so schnell ans Wegwerfen.

Beeren

FUN FACT

Streng botanisch gesehen gehören zur Familie der Beeren Bananen, Zitrusfrüchte, Datteln, Melonen, Kiwis und Nachtschattengewächse wie Paprikas, Tomaten oder Auberginen.
In unserem Sprachgebrauch verstehen wir darunter aber das sogenannte Beerenobst, die häufigsten Früchte sind Brombeeren, Erdbeeren, Johannisbeeren, Heidelbeeren, Himbeeren, Preiselbeeren und Stachelbeeren und auch Weinbeeren (Trauben).

KAUFEN

Beeren sind Saisonware und sollten auch nur zu dieser Zeit gekauft werden, da sie sonst einmal um die Erde fliegen müssen und somit eine sehr hohe Ökobilanz haben. Außerdem schmecken sie am besten, wenn sie eine möglichst kurze Reise hinter sich haben. Ich empfehle regionale Bio-Beeren zu kaufen, da konventionelle oft bedenkliche Pestizidrückstände aufweisen.

SAISON

Die meisten Beeren wachsen zwischen Mai und September, ganz genau nachschauen könnt ihr im Saisonkalender auf → *Seite 18 / 19*.

EMPFEHLUNG

Beeren tagesfrisch und in kleineren Mengen kaufen und genießen funktioniert am besten, weil sie einfach sehr empfindlich sind und schnell matschige Stellen bekommen oder zu schimmeln anfangen. Um dies zu vermeiden, empfehle ich folgende Strategie:
Die Beeren nach der Heimkehr vom Einkauf direkt sortieren und in matschige und stabile Früchte aufteilen. Die stabilen so essen und die matschigen weiterverarbeiten: Ab in den Mixer und / oder das Tiefkühlfach. Beerenpüree hält im Kühlschrank in einem sauberen Glas locker 3–4 Tage und kann für Müslis, Smoothies und Desserts verwendet werden. Ganze oder pürierte gefrorene Beeren sind wertvolle Zutaten für die Zeit, in der die Beeren nicht Saison haben und können „verfrühstückt“, vermixt oder verbacken werden.

FUCHSBANDWURM

Über Generationen galt: Keine Himbeeren und Brombeeren in Waldbodennähe pflücken, sonst holt man sich den Fuchsbandwurm. Neueste Studien zeigen, dass die Gefahr eines Infektionsrisikos durch Waldfrüchte praktisch gegen Null geht. Es ist in Deutschland wahrscheinlicher vom Blitz getroffen zu werden. Von den wenigen Menschen, die betroffen sind, arbeiteten die meisten als Jäger oder Förster und kamen oft auch mit Tierkadavern oder befallenen Hunden in Kontakt. Sinnvoller als Beeren zu verschmähen ist es also, Abstand zu toten Füchsen zu halten und jagdfreudige Hunde regelmäßig zur Wurmkur zu schicken. Wer jetzt immer noch Angst davor hat, kann sie auch zu Marmelade verkochen. Also die Beeren.

ZERO WASTE PROBLEM

Oft werden Beeren – auch im Biohandel – in Plastikschalen verkauft. Falls möglich die Alternativen im Karton wählen oder auf dem Markt in mitgebrachten Dosen abfüllen.
Oder gleich selbst pflücken: In vielen Gegenden gibt es Erdbeerfelder und -höfe zur Selbsternte, in vielen Wäldern und Naherholungsgebieten wachsen wilde Himbeeren und Brombeeren. Auf der Plattform **www.mundraub.org** findet ihr Vorkommnisse in eurer Nähe und könnt selber Fundstellen eintragen (falls ihr diese nicht lieber für euch behalten wollt …).

LAGERUNG

Im Kühlschrank halten Himbeeren, Brombeeren und Erdbeeren bis zu drei Tage. Heidelbeeren bis zu 14 Tage. Die Beeren erst direkt vor dem Verzehr waschen. Sie sind sehr anfällig für Schimmel, wenn man sie vor der Lagerung wäscht, kann die Feuchtigkeit den Schimmel befördern. Trau dich:
Es gibt auch Beeren, die nur erhitzt genießbar sind, da sie roh Giftstoffe enthalten, die aber bei der Verarbeitung abgekocht werden. Dazu gehören beispielsweise Holunderbeeren, Vogelbeeren und Hagebutten. Cranberries (Moosbeeren) können auch roh gegessen werden, schmecken aber ziemlich bitter und werden deshalb auch gerne verkocht. Ob als Marmeladen, Kompotte, Gelees oder Säfte, traut euch mal an diese Beeren ran, wenn sie euch das nächste Mal über den Weg laufen.

VERWERTUNG

- frisch, getrocknet oder gefroren zu **Müslis, Joghurt, Pudding, Fruchtsalaten, Smoothies**
- gefroren als **Eis**, Rezept Beeren-Joghurt-Eis → *Seite 155*
- für **Kuchen, Muffins, Torten**, z. B. im Rührteig für den „Einfachsten Kuchen der Welt" → *Seite 229*
- zu / in **Pancakes / Pfannkuchen**, Grundrezept → *Seite 197*
- in einem leckeren **Crumble** statt oder mit Äpfeln → *Seite 151*
- zu Herzhaftem wie **Salaten, Risotto, Spargelgerichte** z. B. **Blaubeer-Mais-Salat mit Rucola** → *Seite 204*
- als aromatische Zutat in der Wasserkaraffe oder im alkoholischen Drink (Sekt, Longdrink, …)
- eingekocht als **Marmelade, Kompott, Sirup** oder **Chutney**
- eingelegt in Alkohol für **Desserts, Drinks**
- dünne Erdbeerscheiben im Dörrgerät oder der heißen Sommersonne trocknen und im Winter als **Dessert-Deko** oder **Müsli-Zugabe** verwenden

FAZIT

Während der Saison aus dem Vollen schöpfen. Für die Winterzeit, Beeren einfrieren, auf verschiedene Arten haltbar machen und auf Bio oder wildwachsende Beeren zurückgreifen, wer kein Gift essen möchte.

Bete

Die tolle Knolle erfährt in den letzten Jahren zurecht eine kulinarische Aufwertung und strahlt in bunter Vielfalt.

SORTEN

Neben der bekanntesten, der roten gibt es gelbe, weiße und weiß-rosa geringelte Bete, die auf den schönen Namen Tonda di Chioggia hört, eine alte italienische Sorte benannt nach ihrem Anbaugebiet nahe der Stadt Chioggia in Venetien. Die hellen Bete sind süßer und milder im Geschmack als ihre blutrote Schwester, die geringelte verfärbt beim Kochen pastellrosa. Im Rohzustand kommt das schöne Ringelmuster am besten zur Geltung.

„Ich musste 30 werden und einmal um die Welt reisen, um die Bete lieben zu lernen.“

KAUFEN

Am besten frische, lose Beten aus Bio-Anbau. Bei Beten das Blattgrün nur essen, wenn sie aus Bio-Anbau stammen, da ansonsten der Einsatz von Pestiziden nicht ausgeschlossen ist.

SAISON

August–November, danach gibt es Lagerware von Dezember–März. Die vier Bete-freien Monate können wunderbar mit Eingelegtem oder Saft überbrückt werden.

LAGERUNG

Am besten in Zeitungspapier gekühlt lagern, so halten sie zwei bis drei Wochen. Blätter innerhalb der ersten Tage abschneiden, in ein feuchtes Tuch wickeln oder direkt verwenden. Wie alle Wurzelgemüse halten sich Bete in einer Sandkiste im Keller gelagert sogar Monate.

ZERO WASTE PROBLEM

Oft wird Bete vorgekocht in Plastik angeboten. Was als verbraucherfreundlich angepriesen wird, erzeugt unnötigen Verpackungsmüll. Je nach Größe haben frische Beteknollen eine Kochzeit von ca. 40 Minuten – das bekommt man hin, man muss ja nicht die ganze Zeit danebenstehen. Ich empfehle wieder verwendbare Handschuhe aus fairem Naturkautschuk, um die Hände vor Verfärbung zu schützen. Zitronensaft und gründliches Händewaschen reicht zumeist aber auch.

LOVE STORY

Bis 2010 als ich für längere Zeit in Australien war, kannte ich Bete nur als eingelegte Konserven, die ich strikt verweigerte. Am anderen Ende der Welt bekam ich sie ofengeröstet als Salat und als Salat mit Linsen und Rucola und ich war sofort schockverliebt. Zurück in Deutschland wurde sie ein fester Bestandteil meiner Küche. Als ich auch noch ihre bunten, gestreiften Kumpels entdeckte, war ich komplett aus dem Häuschen. Das mit Rote Bete-Saft gefärbte Brot aus meinem Buch **Sophias vegane Welt** wurde schnell mein *signature dish*.

MEAL PREP

So sehr ich Bete im Rohzustand schätze, mag ich sie im Winter stückig gekocht. Nachdem sie einige Minuten in Öl angeschwitzt werden, koche ich sie minimal mit Wasser bedeckt mit Deckel 40 Minuten, bis sie wachsweich sind. So entfalten sie ihren vollen Geschmack und ihre ganze Nährstoffdichte. Ich verwende sie für alle möglichen Gerichte und esse ein paar Stücke sofort.

LEAF TO ROOT

Die Blätter der Bete sind reich an Vitaminen und Mineralstoffen. Sie können wie Mangold zubereitet werden.

GESUNDHEIT

Bete liefern die Vitamine A, C, B und Folsäure. Sie sind mit Jod, Kalium, Kalzium, Magnesium, Natrium, Phosphor und großen Mengen an Eisen ausgestattet, sollen das Risiko für Herzkrankheiten senken und krebsschützend wirken. Die Durchblutung wird gefördert, der Fettstoffwechsel angeregt und die Vitalität gesteigert.

VERWERTUNG

- roh geraspelt / in Scheiben als Zugabe zu **Salaten & Getreidegerichten**
- roh in **Smoothies** oder als **Saft** für süße Limonaden oder in selbst gemachtem Kombucha
- roh milchsauer **fermentiert**
- gekocht vielfältig einsetzbar z. B. in Kombination mit Zitrusfrüchten, Linsen, Buchweizen, Spinat, Salat, Grünkohl, Bohnen, Polenta, Kartoffelpüree, …
- roh oder gekocht als **Carpaccio Mandala** → *Seite 186*
- im Ofen geröstet und entweder pur gegessen oder weiter verarbeitet zu **Suppe, Aufstrich** oder **Hummus** → *Seite 156*
- als intensiv **färbende Zutat** (auch in Saftform) für Risotto, Pastateig, Brotteig, Pfannkuchenteig, Joghurt, Sour Cream, Plätzchenteig (wenige Tropfen) usw. …
- süß: in **Brownies** und **Raw Cakes**

FAZIT

Esst Bete! Sie sind lecker und unheimlich gesund. Kauft sie roh, statt in Plastik verpackt.

Blattgemüse

Blattgemüse sind Gemüsearten, deren Blätter und Stiele verzehrt werden. Ähnlich wie bei Nüssen und Samen orientiere ich mich hier nicht streng an der Botanik, sondern unseren Alltagsgewohnheiten. Sprich Rucola und Petersilie sind auch Blattgemüse, werden aber von uns hauptsächlich als Salat → *Seite 114* bzw. Kräuter → *Seite 90* verwendet. Unsere geläufigsten Blattgemüse sind Spinat und Mangold.

Mangold

SAISON

Die Hauptsaison ist von Mai bis Oktober, aber je nach Klima gibt es auch im April und im November frischen Mangold zu kaufen. Kleine, zarte Mangoldblätter eignen sich gut als Salat, große kräftige Blätter und Stiele zum dünsten und kochen.
Vorsichtshalber sollte es erwähnt sein: Die Stiele sind essbar und sie wegzuwerfen wäre eine enorme Verschwendung. Sie können fein geschnitten und angedünstet werden, ich mache das oft, bevor ich die Blattteile mit hineingebe, da sie etwas länger brauchen. Wer seinem Gericht bewusst Biss geben möchte, sollte geschnittene Stiele und Blätter zeitgleich zusammen zubereiten.

LAGERUNG

Mangold ist ziemlich robust, aber auch er mag es gerne in feuchte Tücher gewickelt zu werden und hält so locker 4–7 Tage im Gemüsefach.

BUNT

Die Farb-Vielfalt ist enorm: Von weißen Stielen über Gelb, Orange, Pink, Violett, Rot strahlt einem ein ganzer Regenbogen aus der Gemüseabteilung entgegen.

Spinat

SAISON

Die Haupt-Spinat-Monate sind April / Mai und Oktober / November. Im März und in den Sommermonaten kann es zudem ein geringes regionales Angebot geben. Lagerware ist den Dezember hindurch noch gut erhältlich. Sommerspinat ist zarter und eignet sich besser als Salat. Zusätzlich gibt es Importware, Ware aus dem Gewächshaus und Tiefkühl-Spinat.

UNTERSCHEIDUNG

Man unterscheidet zwischen Wurzel- oder Blattspinat. Wie der Name schon verrät, werden beim Blattspinat die einzelnen Blätter geerntet, beim Wurzelspinat die gesamte Pflanze mit Wurzelansatz. Blattspinat ist empfindlicher und muss bei Einkauf und Lagerung besonders behutsam behandelt werden.

LAGERUNG

Spinat ist ein zartes Gemüse, das nicht gequetscht werden möchte und Feuchtigkeit mag. Je mehr Platz man ihm zur Lagerung gibt, desto besser hält er im Kühlschrank. Optimal eignet sich eine geräumige Box, die mit einem leicht feuchten Küchentuch ausgelegt wird. Sonst tut es auch nur Einschlagen ins Tuch, mit genügend Abstand darum. So halten ganz frische Blätter 4–5 Tage.

FUN FACT

Satte 80 % der gesamten Spinatproduktion gehen in die Herstellung industriell verarbeiteter Lebensmitteln, z. B. für Tiefkühlprodukte wie Pizza oder den berühmten Rahmspinat.

1. MYTHOS: AUFWÄRMEN

Wie viele andere Gemüsearten kann Spinat während des Wachstums über den Boden größere Mengen Nitrat aufnehmen. Zusammen mit gewissen Eiweißbausteinen kann sich daraus Nitrit bilden, welches wiederum zu potenziell krebserregenden Nitrosaminen reagieren kann. Zubereitete Spinatgerichte sollten schnell in den Kühlschrank wandern und vor dem finalen Verzehr vollständig wieder aufgewärmt werden, dann besteht keine Gefahr für die Gesundheit. Da Kindermägen empfindlicher sind, sollten Säuglinge und Kleinkinder nur frisch gekochte oder einmalig aufgewärmte Gläschen mit Spinat essen. Reine Vorsichtsmaßnahme.

2. MYTHOS EISEN

Als der Physiologe Gustav von Bunge 1890 den Nährwert von Spinat errechnete, benutzte er als Grundlage getrocknetes statt frisches Gemüse, was bei einem Wassergehalt von etwa 90 % einen erheblichen Unterschied machte und einen Rechenfehler zum Ergebnis hatte, der sich lange Zeit hielt und nicht nur für Popeyes Popularität, sondern auch spinatverschmierte Kindermünder weltweit sorgte. Statt 35 g Eisen auf 100 g sind es nur 3 g. Trotzdem ist Spinat sehr nährstoffreich und aus gesundheitlicher Sicht schwer zu empfehlen.

VERWERTUNG

- gedünstet als Zugabe zu **Getreidegerichten**, in **Eintöpfen** oder als **Pizzabelag**, z. B. mit Zwiebeln und Knoblauch
- in **Suppen**, z. B. mit Linsen, Kokosmilch und Kurkuma
- zu **Pasta** aller Art, z. B. für **Lasagne** oder cremige **Saucen**
- püriert als **Pesto / grüne Sauce / Dressing**

→|

- in grünen **Smoothies**
- Spinat (püriert) zum **Einfärben** von Teigen (Brot, Nudeln, ...)
- als Salat, pur oder in leckerer Kombi, z. B. mit Trockenfrüchten, (Süß)Kartoffel, ...
- für Füllungen, z. B. **Strudel** →*Seite 199* oder gefüllte **Paprika mit cremigem Spinat-Zitronen-Reis** →*Seite 206*
- als gesundes **Wrap** →*Seite 149*

FAZIT

Frischen Spinat saisonal und ohne Plastik offen kaufen, z. B. auf dem Markt und im Bioladen. Statt Unmengen von Tiefkühl-Spinat lieber öfter mal Mangold oder andere Winter-Blattgemüse wie Feldsalat, Portulak oder Rucola verwenden.

Cerbiatta Eichblattsalat ist auch Blattgemüse, wird aber von uns hauptsächlich als Salat →Seite 114 verwendet.

Bohnen

Allein in Deutschland gibt es über 100 Bohnensorten.

Unter Bohnen verstehen wir einerseits die Samen von Bohnenpflanzen als auch die sie umgebende Hülse samt Samen. Die Hülsen essen wir nur bei den Sorten mit, die frisch verzehrt werden. Die meisten Bohnen werden getrocknet gelagert und vor dem Verzehr gekocht.

VORKOMMEN

Die Samen sind meist nierenförmig und treten in allen nur erdenklichen Größen, Formen und Farben auf. Am häufigsten kultiviert wird die Sojabohne, die neben ihrer Verwendung in der menschlichen Ernährung als Viehfutter zum Einsatz kommt.

Linsen, Erbsen und Kichererbsen sind streng genommen auch Bohnenpflanzen, aufgrund unserer Essgewohnheiten behandle ich sie aber separat.

> *„Jedes Böhnchen … ist gesund.“*
>
> LEICHT ABGEWANDELTES SPRICHWORT

VORSICHT

Bohnen dürfen nicht im Rohzustand verzehrt werden, sie enthalten Pflanzeneiweißverbindungen, die zu starken Bauchschmerzen, Übelkeit und Erbrechen führen können. Beim Garprozess werden sie aber vollständig abgebaut und stellen keine Gefahr mehr für die Gesundheit dar.

Auch frische Bohnen müssen immer erst gekocht / blanchiert / im Wok gegart werden. Das Kochwasser der frischen Bohnen immer wegschütten.

GESUNDHEIT

Der Eiweiß- und Mineralstoffgehalt ist ähnlich hoch wie bei einigen tierischen Produkten, jedoch enthalten sie zusätzlich auch noch wertvolle Ballaststoffe und Vitamine und machen lange satt.

EINKAUF

Frische Bohnen ohne Plastikverpackung gibt es auf dem Markt oder im Bioladen.
Getrocknete Bohnen gibt es in Unverpackt-Läden lose zum selbst abfüllen. Da sie trocken gelagert mindestens 2 Jahre haltbar sind, können sie auch in größeren Mengen gekauft werden, was viele Einzelverpackungen vermeidet. Beim Einweichen und Kochen verdoppeln bis verdreifachen sie ihre Größe und sind selbst in Bio-Qualität günstig. Wenn es mal schnell gehen muss, gibt es vorgekochte Bohnen in Gläsern und Dosen. Ich empfehle Glas, das kann nach Verzehr anderweitig zum Bevorraten genutzt werden.

GESCHICHTE

In den letzten 150 Jahren hat sich der Konsum von Hülsenfrüchten pro Kopf in Deutschland von 20,7 kg / Jahr auf verschwindende 0,7 kg reduziert. Diese Entwicklung ist direkt einhergehend mit der Zunahme des Fleischkonsums. Obwohl alle Gesundheitsorganisationen den regelmäßigen Verzehr von Hülsenfrüchten empfehlen, sind diese vom Speiseplan der breiten Bevölkerung fast vollständig verschwunden.

PUPS

Viele Menschen meiden Bohnen, da sie angeblich stark blähen. Mittlerweile weiß man, dass das reine Gewohnheitssache ist. Bei kontinuierlichem Verzehr gewöhnt sich der Körper innerhalb von Wochen an die ballaststoffreiche Nahrung. Aus mehreren Studien ging hervor, dass die erwarteten Verdauungsbeschwerden bei vielen Probanden überhaupt nie eintraten. Das Einweichen vor dem Kochen macht sie zudem noch besser verdaulich.

ZUBEREITUNG

Frische Bohnen sind im Kühlschrank nur einige Tage haltbar, können aber – kurz blanchiert – gut eingefroren werden.
Getrocknete Bohnen vor dem Kochen 12–24 Stunden in reichlich Wasser einweichen. Das Einweichwasser abgießen und in einem Sieb abwaschen. Mit frischem Wasser gut bedecken. Einen Esslöffel Öl mit in den Topf geben, das verhindert Schaumbildung. Kein Salz dazu, das verlängert die Kochzeit. Je nach Sorte beträgt die Kochzeit zwischen 30 Minuten und 2 Stunden, auf der Packung und im Internet findet ihr die Kochzeit eurer Sorte. Bei wenig Erfahrung am besten alle 15 Minuten checken und gegebenenfalls Wasser nachgießen.
Die Bohnen sollten weich, aber nicht matschig sein und sich mit den Fingern zerdrücken lassen. Aber selbst aus zerkochten Bohnen lässt sich super noch Hummus, Aufstrich oder Suppe machen.

VERWERTUNG

- püriert / zerdrückt als **Aufstrich, Hummus, Suppe, Püree**
- als **Burger-Patty / Bratling**, gebunden mit Haferflocken / Leinsamen / Sojamehl
- im Ganzen als **Salat** → *Seite 161*, im **Eintopf**, im **Chili sin Carne**, zu **Pasta**, **Baked Beans**
- als **Füllung** für Tacos, Pfannkuchen → *Seite 197*, Süßkartoffeln
- **geröstet** mit Zwiebeln und Gewürzen als Topping für Gemüse, Getreide, Reis, Nudeln
- püriert als Basis für süße **Brownies**, **Desserts**, **Kuchen**
- für Fortgeschrittene: **Tempeh** selber machen

FAZIT

Am besten auf Vorrat kochen und lernen in die Ernährung und den Alltag mit einzuplanen.
Bohnen sind in vielen Gebieten der Welt ein wichtiges Grundnahrungsmittel. Zu Recht.

Brokkoli Blumenkohl Romanesco

Blumenkohl und Romanesco sind Geschwister, der Brokkoli ist ein naher Verwandter. Blumenkohl heißt so, da die Röschen, die wir verzehren, die nicht ausgereiften Blütenstände der Pflanze sind. Besonders bei langstieligem Brokkoli kommen einem manchmal Exemplare mit geöffneten Blüten unter. In Österreich heißt Blumenkohl Karfiol.

VIELFALT UND SCHÖNHEIT

Immer öfter findet man auch bei uns farbige Blumenkohl-Züchtungen in orange, grün und violett. Neben herkömmlichem Brokkoli bieten auch immer mehr Bio-Erzeuger langstielige und großblättrige Sorten an, die sich teils eher wie Blattspinat verarbeiten lassen, da sie dünne Stiele besitzen, die schnell gar sind und einen größeren Blattanteil.

Von bestechender Schönheit ist auch der Romanesco, der so heißt, weil er zuerst in der Nähe von Rom gezüchtet wurde. Er weist eine sogenannte Selbstähnlichkeit auf, das ist die Eigenschaft eines Objekts, in größeren Maßstäben dieselbe Strukturen aufzuweisen, wie im Anfangszustand.

Die Röschen erinnern mich immer an kleine Christbäume, weshalb ich sie besonders gerne in Weihnachtsmenüs verwende.

> **„Blumenkohl ist das Hühnchen des Vegetariers.“**
>
> AMANDA COHEN, KÖCHIN

VIELSEITIGKEIT

Ich halte diese drei Gemüse mit all ihren Unterarten für eines der am meisten unterschätzten regionalen Gemüse. Man kann sie in so vielen Varianten verarbeiten, ob als Püree, Suppe, roh als Salat, gebacken, gebraten, frittiert, gegrillt, mariniert – die Möglichkeiten sind unendlich. Weshalb sie meine New Yorker Kollegin Amanda Cohen auch das „Hühnchen des Vegetariers“ nennt.

SAISON

Hierzulande von Juni bis Oktober. In milderen Regionen Europas wie der Bretagne oder Südspanien wachsen sie auch im Winter.

LAGERUNG

Im Gemüsefach des Kühlschranks oder einer kühlen Speisekammer halten alle drei Gemüse maximal eine Woche frisch.
Solltet ihr nicht mit der Verarbeitung nachkommen, empfehle ich den Kohl zu zerteilen und zu blanchieren. So könnt ihr ihn vorgekocht entweder im Kühlschrank einige Tage lang noch weiterverwenden oder auch einfrieren.

GESUNDHEIT

Obwohl Blumenkohl auch nährstoffreich und wertvoll ist, gewinnt im direkten Vergleich der Brokkoli. Er enthält fast doppelt so viel Vitamin C, ist ein toller Kalziumlieferant und stärkt das Immunsystem. Außerdem soll er eine krebsvorbeugende Wirkung haben.

ZERO WASTE PROBLEM

In konventionellen Supermärkten wird vor allem Brokkoli oft in Plastik eingeschweißt verkauft, da dort mehrere Röschen zu Gebinden mit gleichem Gewicht zusammengefasst werden. In Bioläden und auf dem Markt gibt es ihn lose. Viele verwenden nur die Röschen und werfen sowohl den Stiel als auch die Blätter weg, obwohl sich beides hervorragend verwerten lässt. Die Stiele (bis auf den Anschnitt) können genau wie die Röschen verarbeitet werden. Wer die Form nicht mag, kann sie pürieren und zu Saucen und Suppen verarbeiten (Pasta Rezept → *Seite 162*). Die äußeren, leicht angeschlagenen Blätter besser kompostieren, aber die feinen, inneren sind eine Delikatesse, etwa knusprig im Ofen geröstet.

VERWERTUNG

- püriert als Grundlage für **Suppen, Saucen** und **Aufstriche** (Blumenkohl Cheeze → *Seite 159*)
- als köstliches **Püree / Stampf**, verfeinert mit Trüffelöl, Knoblauch, Schnittlauch, …
- püriert, zusammen mit einer Handvoll Hanfsamen oder einem Löffel Cashew / Mandelmus, als gesunde vegane **Carbonara-Alternative**, getoppt mit Räuchertofu-Würfeln
- püriert und gebraten **Zwei-Komponenten-Pasta** → *Seite 162*
- dünn geschnitten und im Wok angebraten zu **asiatischen Nudelgerichten**
- Blumenkohl: gerieben als **„gefälschtes" Reis- / Couscous-Gericht**
- als glutenfreier **Pizzaboden**
- für cremige, wärmende **Curry-** und **Dhal-Gerichte** mit Kokosmilch und indischen Gewürzen
- im Ganzen im Ofen geröstet, bepinselt mit Gewürzen, Olivenöl oder einer Tahini-Kruste, am besten mit den Fingern gegessen und nur mit Meersalz gewürzt
- knusprig frittiert / gebacken in Backteig / Panade (**Pakora / Cauliflower Wings**)
- in Scheiben gebacken, sieht wunderschön aus wie kleine Bäume
- roh oder blanchiert als **Salat** verarbeitet in vielen Variationsmöglichkeiten mit Dill, Kichererbsen, Granatapfel, Karotten, Kräutern, …
- im Sommer roh als vegane **Ceviche** mit Limettensaft, frischem Koriander, Chilis
- eingelegt als **Pickles** → *Seite 215*
- als Patty für **Burger** oder knusprige **Falafel**, z. B. mit Quinoa

FAZIT

Esst alle Teile dieses großartigen Gemüses. Kauft es unverpackt und tobt euch aus!

Brot

Brot ist eines der ältesten, wichtigsten Grundnahrungsmittel weltweit, mit einer großen kulturgeschichtlichen Bedeutung. Als die Menschen sesshaft wurden, begannen sie Ackerbau zu betreiben, Getreide wurde zur wichtigsten Nahrungsgrundlage. In der Geschichte wurden mehr Kriege um Kornkammern geführt als um Gold. Missernten führen bis heute zu Hungersnöten und Not.

„Krümel sind auch Brot.“

ALTES DEUTSCHES SPRICHWORT

Das erste Brot waren auf dem Feuer gebackene Fladen aus Getreidebrei, die Ägypter sollen vor etwa 2000 Jahren unabsichtlich den Sauerteig erfunden haben, indem sie ein liegen gebliebenes gegorenes Stück Teig buken und vom Ergebnis begeistert waren.

Über die Bedeutung des Brotes für unsere heutige Gesellschaft kann man ganze Bücher lesen, doch worüber wir wirklich reden sollten, ist der Verlust der Wertschätzung für dieses wunderbare Produkt. Supermärkte und Bäckereiketten bieten bis zum Abend volle Regale an – und tagtäglich landen Tonnen von Brot im Müll.

KAUFEN

Lieber für gutes Bio-Sauerteigbrot vom lokalen Bäcker etwas mehr Geld ausgeben und so den Erhalt wertvollen Handwerks unterstützen. Wer mehr zahlt, wirft in der Regel auch weniger leichtfertig weg. Schnell produziertes Industriebrot aus Backtriebmitteln, Fertigmischungen und minderwertigem Mehl hat mit echtem Brot wenig zu tun, deshalb ist es auch so billig. Um Verpackung zu vermeiden, direkt beim Bäcker in einen mitgebrachten Stoffsack packen.

EMPFEHLUNG

Schon durch bessere Einkaufsplanung kann man Brotüberschuss vermeiden.
Roggen- und Vollkornbrote sind länger haltbar als Weizenbrote, weil sie die Feuchtigkeit länger speichern. Wenn doch einmal etwas übrig bleibt, gibt es zahlreiche Verwertungsmöglichkeiten.

LAGERUNG

Es gibt unzählige Tipps, wie man Brot am besten lagern soll. Manche Menschen schwören auf Brotkästen, andere stellen es mit der Schnittseite nach unten auf den Esstisch oder schlagen es in ein Stofftuch ein. Prinzipiell gilt: Brot mag es weder zu trocken noch zu feucht (Austrocknung und Schimmelgefahr). Ich befolge einen Tipp aus Milena Glimbowskis Buch **„Ohne Wenn und Abfall"**: Brot wohnt bei mir im (ausgeschalteten) Backofen, in einem sauberen Stoffsäckchen. Dort hält es hervorragend frisch und man spart Platz.
Weißbrot trocknet bei Hitze innerhalb von Stunden aus, deshalb sollte man bei diesem Wetter vermeiden, größere Mengen davon auf Vorrat zu kaufen. Es hilft, das Brot in ein feuchtes Küchentuch zu wickeln. So trocknet es nicht aus und kann am nächsten Tag aufgebacken werden. Länger als einen Tag sollte man es so nicht lagern, sonst besteht Schimmelgefahr.

EINFRIEREN

Brot lässt sich einfrieren, ob am Stück oder scheibenweise (schneller aufzutauen). Dies geht auch im gut verschlossenen Stoff- oder Papierbeutel. Sollte es zu leichtem Gefrierbrand kommen, lässt sich dieser einfach wegschneiden. Eingefrorene Brötchen lassen sich hervorragend, leicht befeuchtet, im Ofen aufbacken und schmecken danach fast noch besser.

SELBER BACKEN

Am allerbesten schmeckt selbst gebackenes Brot – erfordert aber ein gewisses Mindestmaß an Zeit. Sauerteig ansetzen macht Spaß, dazu gibt es im Internet und Büchern zahlreiche Anleitungen. Wenn man morgens einen frischen duftenden Laib in den Händen hält, weiß man – es lohnt sich!

GESUNDHEIT

Mit Sorgfalt hergestelltes Sauerteigbrot ist richtig gesund, da die Gärung die im Getreide enthaltenen Nährstoffe besser zugänglich macht. Vollkornbrot ist grundsätzlich gesünder als Weißbrot, da es die größte Nährstoffdichte hat. Ungesund ist Brot nur, wenn man billiges Weißbrot isst, sich komplett davon ernährt oder für Menschen, die an einer Unverträglichkeit, Allergie oder Zöliakie leiden.

UNVERTRÄGLICHKEITEN

Hier gilt es zwischen Zöliakie, Allergie und leichteren Unverträglichkeiten zu unterscheiden. Menschen mit Zöliakie müssen die Aufnahme jeglicher Gluten vermeiden, das sich nicht nur in Getreiden, sondern auch in Produkten wie Bier, Nudeln und Sojasauce finden kann. Menschen mit Unverträglichkeiten und Allergien müssen nur auf bestimmte Getreide verzichten. Das, was viele Menschen als Weizenunverträglichkeit einstufen, ist oft nur eine sensibilisierte Reaktion auf konventionellen Weizen.
Moderne Weizensorten haben im Vergleich zu vor 50 Jahren einen 10fach höheren Gluten-Anteil. Sauerteigbrot und Nudeln aus alten bzw. Bio-Getreidesorten sind oft wesentlich bekömmlicher. Für Menschen, die sich ausgewogen ernähren, weder an Zöliakie oder Allergien leiden gibt es keinen Grund kein Brot zu essen.

ZERO WASTE PROBLEM

Brot ist zum Wegwerfprodukt geworden. In mittleren bis großen Backwarenunternehmen (Großbäckereien, Supermärkte, …) bleibt jede fünfte Backware liegen. Durch billige Anbieter haben die Konsumenten das Gefühl, Reste nicht aufessen zu müssen und bei Bedarf einfach etwas Neues kaufen zu können. Dass sie dafür minderwertige, ungesunde Produkte verzehren,

→|

ist vielen nicht bewusst. Durch die Backwarenverluste wird die Ernte von rund 398.000 Hektar Ackerland verschwendet – das entspricht einem Acker, der größer ist als Mallorca! Das vom Discounter suggerierte „frisch gebackene Brot bis zum Abend" basiert auf Überproduktion von Billigware, bei der ein nachhaltig wirtschaftender Bäcker niemals mithalten kann. Nur durch aktives Konsumentenverhalten können wir das ändern.

VERWERTUNG

- **Paniermehl/Semmelbrösel**: Ich verwende dafür den Blender, es geht aber auch klassisch mit der Küchenreibe. Am einfachsten ist es, wenn das Brot in Scheiben, Würfeln oder Stücken ganz durchgetrocknet ist, je dicker der Brocken, desto größer die Herausforderung der Zerkleinerung.
- Die Brösel lassen sich vielfältig verwenden, ob als **Panade**, als **Bindemittel** für Bratlinge aus Gemüse oder Hülsenfrüchten. Immer wenn eine Masse zu feucht ist, sorgen ein paar Löffel Brösel für die perfekte Konsistenz.
- Als **Topping** auf Pasta, cremigen Gerichten und Aufläufen haben sie in Italien eine Tradition als „Arme Leute Parmesan", am besten mit etwas Olivenöl in der Pfanne geröstet.
- Aus Bröseln lassen sich auch **Quiche-Boden, Kräcker** und süß-salzige **Kekse** backen → *Seite 165* und → *Seite 177*.
- Fein vermahlenes Brotmehl kann auch zu **Muffins** verbacken werden.
- Wer meine Küche kennt, weiß, dass ich selbst gebackenes Brot gerne mit Rote Bete Saft, Spinat, Rotkohlsaft oder Kohle bunt einfärbe. Die Semmelbrösel aus diesen Brotresten sind richtige Eyecatcher und dienen mir zu **Deko-Zwecken**.
- Größere (halb)trockene Brotstücke lassen sich in Wasser oder (Pflanzen)milch einweichen und zu Klassikern wie **French Toast, Arme Ritter, Semmelknödel** oder köstlichen **Brotlingen** verarbeiten → *Seite 166*.
- Noch frisches Brot, das zu viel gekauft wurde, kann als **Croûtons** oder **Brotchips** lange haltbar gemacht werden. Super für Baguette- und Brötchenreste → *Seite 159*.
- Ganz trockene Kanten können in **Eintöpfen** und **Suppen** gegeben und mitgekocht werden, sobald sie sich auflösen, dienen sie zur **Bindung** und geben dem Gericht eine leckere Sämigkeit.

FAZIT

Je weniger Inhaltsstoffe, desto besser. Qualität statt Quantität.
Echtes Sauerteigbrot hält am längsten, ist am gesündesten und am besten verdaulich. Wer Brot wertschätzt, schmeißt es nicht weg. Wer Brot als Werkstoff versteht, dem sind bei der Verwertung keine Grenzen gesetzt.

BROT-DINNER

In Kooperation mit **SirPlus**, dem Supermarkt für gerettete Lebensmittel, dem Food Lab **Wild & Root** sowie der **Berliner Stadtreinigung** veranstalteten wir zu deren Aktionstag **#Abfallfreitag** ein Brot-Dinner für Aufmerksamkeit gegen Lebensmittelverschwendung. In den Räumen der BioBäckerei Endorphina gab es für 20 Gäste ein 5-gängiges Menü mit altbackenem Brot.

Zusammen mit einem Zero Waste Quiz, Info-Elementen und der Kulturgeschichte des Brotes wurden die Gäste zu Wertschätzung informiert, unterhalten und verköstigt.

DAS MENÜ

- Knusprige Brotchips mit Blumenkohl-Cheeze, Radieschenblätterpesto, Radieschen-Pickles und fermentiertem Hummus.
- Minestra di pane / eine Brotsuppe mit Bohnen, Paprika und getrockneten mediterranen Kräutern aus dem Berliner Umland.
- Pasta mit einer Füllung aus geräucherter Aubergine, Kreuzkümmel und gerösteten Semmelbröseln.
- Brotlinge mit gekochten Getreiden und Reis-Koji, geschmorten Mini-Rote Bete und Kürbis-Coleslaw mit Tahini-Dressing.
- Gewürz-Semmelbrösel-Kräcker, Birnen-Zimt-Kompott, Granatapfel und Schokoladenparfait

FOTOS © Sandra Socha

Eier

Eier als Lebensmittel und Fruchtbarkeitssymbole der Menschen haben eine lange Geschichte. Auf der ganzen Welt finden sie sich in Mythologien, religiösen Schriften und Kunstschätzen wieder.
Genau wie Milchprodukte, Fleisch und Fisch halfen sie Menschen anno dazumal beim Überleben. Überlebenswichtig sind sie bei uns schon lange nicht mehr. Wer mehrmals die Woche Hülsenfrüchte und Getreide isst, sollte reichlich mit Eiweiß versorgt sein.

HALTBARKEIT & LAGERUNG

Das Mindesthaltbarkeitsdatum ab Legetag beträgt in Deutschland 28 Tage. Da die Schale als natürlicher Schutz vor Bakterien und Keimen dient, können Eier ungekühlt gelagert werden.
Nach mehr als 20 Tagen sollten sie jedoch nur noch gekocht/gebraten oder verbacken verzehrt werden. Für Gerichte aus rohen Eiern wie Mayonnaise/Tiramisu sollte man immer ganz frische Eier verwenden.
Ob ein Ei noch gut ist, lässt sich nach Aufschlagen am Geruch erkennen: Im Gegensatz zum neutralen Geruch frischer Eier riechen alte Eier säuerlich und faulig.

HÜHNER

Obwohl auch Wachtel- , Enten-, Straußen-, Fisch- und sogar Ameiseneier als Lebensmittel zum Einsatz kommen, ist doch das Hühnerei das am häufigsten verspeiste.
Wildhühner legen zur Fortpflanzung etwa 30 Eier pro Jahr. Unbefruchtete Eier verspeisen sie selbst, um den in ihrem Körper entstandenen Kalzium-Verlust auszugleichen. Sogenannte, für die Tierindustrie gezüchtete Hybridhennen legen über 300 Eier pro Jahr und werden bei Abnahme der Legeleistung nach 18 bis 24 Monaten Lebenszeit geschlachtet und zu Tiernahrung und Suppe verarbeitet.
Hühner sind übrigens die am nächsten noch lebenden Verwandten des Tyrannosaurus Rex.

EINTAGSKÜKEN

In Deutschland werden jährlich 50 Millionen männliche Küken getötet, da sie für die Fleischproduktion nutzlos sind. Zusammen mit den Legehennen in der Eierproduktion, die durch ihre Haltungsbedingungen oder durch Schlachtung sterben, kommt man so auf eine jährliche Summe von 100 Millionen Hühnern. Die Annahme, dass Vegetarismus Tierleid vermeidet, ist somit leider falsch.

VEGETARISCHE FLEISCHALTERNATIVEN

Immer häufiger werden mit Eiklar hergestellte Fleischalternativen angeboten, die vielen Menschen suggerieren, tierfreundlicher zu konsumieren. Diese Rechnung geht leider nicht auf.
Ein geschlachtetes Schwein liefert ca. 80 kg Fleisch. Das Eiklar eines Hühnereis wiegt etwa 40 g. Für 80 kg Eiklar werden 2000 Eier benötigt, das entspricht der Lebens-Legeleistung von mehr als 6 Hennen, die am Ende auch geschlachtet werden.

STATT EI

Viele Produkte und Rezepturen können ohne Qualitäts- und Geschmacksverlust Ei-frei hergestellt werden. Dies spart nicht nur Ressourcen, sondern ist auch gesünder. Zudem bestünde bei Roh-Ei-Verwendung keine Salmonellen-Gefahr.
Immer mehr Unternehmen stellen solche Produkte her, aber auch in der eigenen Küche kann man durch einfache Tricks den Ei-Verbrauch reduzieren:

Einfach Weglassen:

- **Kuchen-Rührteig** → *Seite 229*
- **Pfannkuchen** → *Seite 197*
- **Strudel** → *Seite 99*
- **Pasta** → *Seite 209*

Backen – statt einem Ei verwenden:

- ½ pürierte Banane (bevorzugt in süßem Gebäck)
- 80 g Apfelmus
- 1 EL Sojamehl mit 2 EL Wasser verrührt
- 1 EL Stärkemehl
- 2 EL gemahlene Leinsamen mit 2 EL Wasser verrührt
- 60 g Seidentofu

Produkte wie Sojamehl, Stärke und Leinsamen haben zudem den Vorteil längerer Haltbarkeit. Apfelmus kann aus angeschlagenen Äpfeln gewonnen werden.

Mayonnaise:

- auf **Soja-** oder **Aquafaba-Basis** → *Seite 117*

Zur Bindung von Saucen und Desserts:

- **Johannisbrotkernmehl:** 1 gehäufter EL verrührt mit 40 ml Wasser ersetzen 1 Ei
- **Kalte Flüssigkeiten:** 2 g auf 250 ml
- **Warme Flüssigkeiten:** 1 g auf 250 ml warme Flüssigkeit bzw. 1 g auf 500 ml kalte Masse, z. B. Pudding, der warm angerührt und dann abgekühlt wird

Zur Bindung von Bratlingen / Knödeln:

- Sojamehl

- Tomatenmark
- Johannisbrotkernmehl
- Semmelbrösel (Zero Waste!)

Zum „Kleben" von Panade:
- Mehl mit Wasser oder pflanzlicher Milch verrühren, für die glutenfreie Version Sojamehl verwenden

Für Ei-Geschmack in Aufstrichen, Salaten, Saucen:
- Kala Namak Schwefelsalz, erhältlich in gut sortierten Bioläden und online

Als Rührei-Ersatz:
- zerkrümelter Tofu, gewürzt mit Kala Namak Salz
- Kichererbsen → *Seite 185*

FAZIT

Die Menge macht das Gift. Weniger das gelegentliche Frühstücksei, sondern vor allem die geradezu verschwenderische Verarbeitung von Eiern in unzähligen Produkten ist so aus dem Ruder gelaufen, dass die gesundheitlichen und ökologischen Folgen für Mensch und Umwelt mehr als bedenklich sind. Von ethischen Aspekten der Tierhaltung ganz abgesehen.
Ich rate zu Reduktion und bewussten Kaufentscheidungen: Wenn Ei, dann aus einem kleinen, regionalen Bio-Betrieb, der transparent produziert.

Erbsen

Die Erbse gehört zu den wichtigsten Kulturpflanzen der Welt.

Erste Funde stammen aus dem heutigen Syrien und werden auf über 10.000 Jahre v. Chr. datiert. In Europa waren Erbsen, neben Linsen und Getreide, lange eines der wichtigsten Grundnahrungsmittel.

ARTEN UND GEBRAUCH

Bis ins 17. Jahrhundert wurden sie als Trockengemüse verwendet und meist zu einem Brei gekocht verzehrt. Am häufigsten essen wir als Konserve oder Tiefkühlprodukt haltbar gemachte Zuckererbsen und Markerbsen oder die als Frischgemüse erhältlichen Zuckerschoten. Trockenerbsen werden meist in der Viehfütterung eingesetzt, aber auch dort zunehmend durch Sojabohnen verdrängt, weil diese noch einfacher in Monokulturen anbaubar sind. Jedoch gibt es im Lebensmittelhandel auch eine Auswahl an Trockenerbsen, die zu Unrecht ein Schattendasein führen und Abwechslung in unseren Speiseplan bringen können.

GESUNDHEIT

Grüne Erbsen haben einen Eiweißgehalt von 7 %, getrocknete Erbsen übertreffen sie mit stattlichen 20 %. Aufgrund dieser Eigenschaft wird Erbsen-Protein heutzutage auch häufig als pflanzliche Nahrungsergänzung für Sportler angeboten.

SAISON

Frische regionale Erbsen gibt es von Juni bis September. Sie sollten nur regional erworben werden, da sie sehr transportempfindlich sind und bei längeren Wegen wertvolle Inhaltsstoffe verlieren. Getrocknete, eingeweckte und tiefgefrorene Erbsen sind das ganze Jahr über erhältlich.

KULTURGESCHICHTE

Jeder kennt Hans Christian Andersens Märchen von der „Prinzessin auf der Erbse", die durch 20 Matratzen hindurch ebendiese fühlt, deshalb schlecht schläft und somit den Beweis ihrer blaublütigen Herkunft erbringt. Der Ausdruck wurde zum geflügelten Wort für sehr empfindliche Menschen. Laut Grimms Sagen galt Erbsenmus als Leibspeise von Zwergen und Heinzelmännchen. Im Volksglauben galten sie auch als Totenspeise und Fruchtbarkeitsbringer. Brautpaare wurden mit Erbsen beworfen. Die Figur des sogenannten Erbsenbären kommt im rheinländischen Karneval vor und war in Ostdeutschland bis ins 20. Jahrhundert Bestandteil des Brautzugs. Sie stammt aus germanischer Zeit und ist eine Verkörperung des Gewittergottes Thor (Donar), daher auch der Brauch in manchen Gebieten Deutschlands, am Donnerstag Erbsensuppe zu essen.

ZERO WASTE PROBLEM

Bei Dosengemüse fällt schwer recycelbarer Müll, sogenannte Verbundstoffe an, Gläser können weiterverwendet werden.

Tiefkühlgemüse wird in Pappverpackungen verkauft und hat zumindest eine bessere Ökobilanz als stark verarbeitete, in Verbundstoffe abgepackte Tiefkühlkost.

Getrocknete Erbsen sind meist in Plastik verpackt, sind aber in regionaler Bio-Qualität erhältlich. Aufgrund ihrer langen Haltbarkeit kann man bei lokalen Produzenten oder in Unverpackt-Läden nach größeren Mengen fragen *(„Ham'se mal nen Sack Erbsen?")*, muss diese dann aber trocken lagern.

Die Kochzeit von ganzen Erbsen beträgt nach 12 Stunden Einweichzeit etwa 60–90 Minuten. Sogenannte Schälerbsen (halbiert und geschält) haben ohne Einweichzeit dieselbe Kochzeit.

FERTIGPRODUKT

Wusstet ihr, dass eines der allerersten Fertigprodukte weltweit aus Erbsen bestand? Seit 1889 wird es auch heute noch von einem deutschen Lebensmittelhersteller in fast unverändertem Design vertrieben: die Erbswurst. Ein in Wurstform gepresster, gewürzter Erbsen-Extrakt (mit Speck), der schnell zu Suppe verarbeitet werden kann.

Auch das relativ unbekannte Erbsenpüree findet man in jedem Supermarkt, oft sogar aus Versehen vegan. Eine Alternative zu Kartoffelpüree, falls es mal schnell gehen muss.

VERWERTUNG

- als cremiges **Püree** z. B. scharf mit Wasabi, mit gerösteten Zwiebeln, gemischt mit (Süß-) Kartoffeln
- zu Reis (**Risibisi** → *Seite 216*)
- als **Basis** für das vielseitige ayurvedische Reisgericht **Kitchari**
- für **Suppen**: ob cremig püriert, als Dhal oder im herzhaften **Eintopf** mit viel Gemüse, Knoblauch und Kräutern → *Seite 168*
- für **Nudelgerichte** (in Saucen, im Auflauf)
- als Basis für **pflanzliche Aufstriche** kombiniert mit frischen oder getrockneten Kräutern, geraspeltem Apfel, Karotte, Bete, …
- in Kombination mit (frischer) Minze als **Dip / Sauce / Aufstrich**
- als **Frittata** / mit **Pfannkuchenteig** in der Pfanne gebacken → *Seite 197*
- in **Salaten** (mit Sellerie, Mais, Kartoffeln, grünem Salat, Apfel)
- als Basis für **Falafel / Hummus**

FAZIT

Erbsen sind ein wertvoller Eiweißlieferant für die pflanzliche Küche und verdienen zu Recht mehr Aufmerksamkeit. Ähnlich wie Linsen, Bohnen und Kichererbsen können sie vielseitig zubereitet werden. Am besten und gesündesten als Trockenware oder saisonale Frischware aus regionalem Bio-Anbau.

Fisch

Genau wie Fleisch, Milchprodukte und Eier hat Fisch als Lebensmittel eine lange und wichtige Kulturgeschichte, die jedoch durch die Industrialisierung von Fang und Zucht ein Ausmaß angenommen hat, das schwerwiegende, in ihrem Ausmaß kaum abschätzbare Auswirkungen auf unser gesamtes Ökosystem und unsere eigene Gesundheit hat.

FISCHEREI

Die Erdoberfläche ist zu 70 % mit Wasser bedeckt, trotzdem sind nur 10 % der Weltmeere von Menschen erforscht. Was uns aber nicht daran hindert, sie rücksichtslos auszubeuten.
Genaue Fangzahlen gibt es nicht, aber geschätzt sind es jährlich 108 Millionen Tonnen weltweit. 4 Millionen Fischerboote fangen täglich die dreifache Menge dessen, was wissenschaftlich als nachhaltig festgelegt wurde. Alle 17 Hauptfischgründe sind überfischt oder kurz vor dem Kollaps. In diesen Gebieten sind nur noch 1 % des ursprünglichen Fischbestands vorhanden. Es gibt keine wirksamen Maßnahmen gegen Überfischung, die auch angewandt würden. Sämtliche Abkommen, Einrichtungen von Meeresschutzgebieten, Schutzzonen oder Fangquoten genügen nicht annähernd den Empfehlungen von Seiten der Wissenschaft. 85 % aller Fischarten sind ausgebeutet oder völlig erschöpft.
Das weltberühmte Great Barrier Reef ist seit 1985 um die Hälfte geschrumpft, dabei spielen auch Faktoren wie Klimawandel eine Rolle, Überfischung stellt aber den größten Faktor dar. Zudem versauern die Weltmeere durch CO2-Aufnahme aus der Erdatmosphäre, der pH-Wert des Meeres verändert sich so dramatisch und verursacht Artensterben. Ein großer Teil des CO2-Ausstoßes wird durch industrielle Tierhaltung verursacht. Ich wünschte, ich könnte an dieser Stelle noch etwas Positives hinzufügen, leider gibt es da nichts zu berichten.

BEIFANG

Ein großes Problem der industriellen Fischerei ist der sogenannte Beifang.
Verkürzt: Je größer die Netze, desto mehr landet im Netz und das, was für die Fischer keinen wirtschaftlichen Wert hat, wird zurückgeworfen. Für jedes Kilo gefangenen Fisch sind das bis

zu 5 kg Beifang. Bei Shrimps sind es bis zu 20 kg Beifang pro Kilo. 10–30 % des Beifangs bestehen auch aus Plastikmüll, der genauso wieder im Meer landet. Der Rest sind Tiere, die entweder verletzt oder getötet werden. Delfine, Wale, Rochen, Meeresschildkröten, sogar Albatrosse und Haie. Etwa 60 Millionen Haie werden jährlich als Beifang getötet, 1/3 aller Haiarten stehen dadurch kurz vor der Ausrottung.

PLASTIK

Über 800 km Fischernetze und Fangleinen landen jährlich im Meer, in denen sich wiederum ca. 100.000 Tiere verfangen, verletzen oder verenden.
Traurige Berühmtheit erlangte das Great Pacific Garbage Patch als weltweit größte im Meer schwimmende Plastikmüllinsel. Sie besteht zu 46 % aus Fischereimaterialien wie Netze, Fangleinen, Körbe. Über 36.000 Tonnen Plastik schwimmen konzentriert an diesem einen Ort im Meer.

NACHHALTIGE FISCHEREI

Es gibt mehrere Umweltsiegel und Zertifizierungsorganisationen, die Fischprodukte nach Nachhaltigkeit beurteilen. Da es sich um Leitlinien bzw. Empfehlungen handelt, deren Verstöße in keinster Weise geahndet werden, und nicht um Gesetze, ist keine Einhaltung dieser Richtlinien gewährleistet.
Nachhaltige Fischerei ist eine gute Idee, aber in der Realität sehr schwer überprüfbar und wird deshalb auch von vielen Umweltorganisationen kritisiert. Organisationen wie WWF oder Greenpeace veröffentlichen ihre eigenen Fischführer, die meist nach einem Ampelsystem funktionieren. Von Grün für unbedenkliche Fischprodukte bis hin zu Rot für Arten, von deren Verzehr aus Umweltgründen abgeraten wird.

AQUAKULTUR

Satte 49 % der verzehrten Fische stammen aus Aquakultur, also aus kontrollierter Massentierhaltung im Wasser. Lachs ist mit 37 % einer der beliebtesten Fische der Deutschen. Fast alle hier verzehrten Lachse stammen aus norwegischer Aquakultur. Die Fische werden in Netzen gehalten, die ihnen zwar mehr Platz einräumen als einem Käfighuhn, aber von artgerechter Haltung weit entfernt sind.
Sie bekommen ein Kraftfutter, das zu 40 % aus Soja und teilweise aus Resten ihrer eigenen Artgenossen besteht. Das in der Tierfütterung verwendete Soja stammt zu einem beträchtlichen Teil aus Monokulturen, für die in Südamerika Regenwälder abgeholzt werden. Für norwegischen Lachs auf deutschen Tellern. Zudem enthält das Futter Farbstoffe, die eine natürliche Färbung des Lachsfleisches erzeugen soll, was durch mangelnde Krebstierchen in der Nahrung nicht gegeben ist.
Ein weiterer Futterbestandteil in konventionellen Aquakulturen ist das Antioxidationsmittel Ethoxyquin. Hierzulande wurde es als Pflanzenschutzmittel 2011 verboten, als Futtermittel ist es jedoch zugelassen, obwohl längerfristige gesundheitliche Folgen für Menschen nicht erforscht sind.

GESUNDHEIT VS. BELASTUNG

Fisch hat ein weit verbreitetes Image als gesundes Lebensmittel. Er wird oft mit der als gesund geltenden mediterranen Ernährung in Verbindung gebracht, die aber auch zu großen Teilen aus frischem Obst, Gemüse, Hülsenfrüchten, Olivenöl, Getreide und Nüssen besteht. Fisch stellt dort nur eine Komponente dar. Auch die Japanische Küche inklusive Sushi und der aktuelle Poke Bowl Trend stehen für Clean Eating, Fitness und Bekömmlichkeit. Prinzipiell →|

kann Fisch eine gute Quelle für Eiweiß, Jod und Omega 3-Fettsäuren sein. Aufgrund der verunreinigten Meere ist er aber immer häufiger stark mit Schwermetallen belastet. Besonders mit Quecksilber und den Chlorverbindungen PCB, die 2011 als Weichmacher / Lösungsmittel verboten wurden, aber immer noch im Fisch zu finden sind.
Besonders Schwangeren wird von regelmäßigem Verzehr abgeraten, da sich die Giftstoffe direkt auf die neurologische Entwicklung des Kindes auswirken können. Bei Erwachsenen kann es zu Durchblutungsstörungen, erhöhtem Herzinfarktrisiko und Vergiftungserscheinungen kommen. Auch in konventionellen Aquakulturen sieht es nicht besser aus, da die Fische billiges Futter aus ebenfalls belasteten Meeresfischen bekommen. In vielen Fällen, vor allem beim übermäßigen Verzehr von Fisch, werden die Vorteile so von den Belastungen kompensiert.

SCHMERZ

Es gibt den Mythos, dass Fische keine Schmerzen empfinden. Das wurde wissenschaftlich widerlegt. Sie weisen Schmerzrezeptoren auf und reagieren auch auf Schmerz.

ALTERNATIVEN

Fische sind deshalb ein guter Jodlieferant, weil sie es selber über die Nahrung aufnehmen. Sie fressen Kleinstlebewesen, die sich von Micro-Algen ernähren. Man kann diese Algen auch direkt essen, z. B. in Kapselform. Omega 3-Fettsäuren können statt über Fisch über Mikroalgen-Öl aufgenommen werden, außerdem kann ein gesunder menschlicher Organismus sie durch regelmäßigen Konsum von Leinsamen, Leinöl, Walnüssen, Hanf- und Chiasamen selbst produzieren. Beim Verzehr von Algen und Algenprodukten sollte man aber zwei Dinge beachten:

- Dass die Algen aus **Bio-Anbau** stammen und somit aus unbelasteten Anbaugebieten kommen (z. B. von Arche)
- Dass bei Algen-Präparaten die **Wirkstoffmenge** angegeben ist, da sie in vielen Produkten schwankt und z. B. bei Job zu **Überversorgung** führen kann

FAZIT

Wer jetzt noch Hunger auf Fisch hat, dem rate ich die Fischführer der großen NGOs zu nutzen, um eine möglichst umweltverträgliche Kaufentscheidung zu treffen und selten, aber bewusst zu konsumieren. Aufgrund der Futtermittel-Thematik und der Belastung durch Umweltgifte, würde ich immer Bio-Aquakultur vorziehen. Adressen gibt es online bei **www.oekolandbau.de**.

Fleisch

Bevor die Menschen in der Jungsteinzeit begannen Ackerbau zu betreiben, waren sie Jäger und Sammler. Fleisch und Fisch waren elementar wichtige Nahrungsquellen. Die Landwirtschaft machte pflanzliche Nahrungsmittel zugänglicher und so wurden Haustiere für Milch- und Fleischnutzung ergänzend domestiziert und Wildtiere in kleineren Mengen gefangen.
Die Explosion hin zu unserem heutigen Fleischkonsum wurde durch die Industrialisierung der Landwirtschaft ermöglicht und nahm nach dem Zweiten Weltkrieg an Fahrt auf.
Lautete der nachvollziehbare Slogan der Wirtschaftswunderjahre noch „Fleisch für alle", so wurde spätestens in den 1970er Jahren daraus die verrückte Anspruchshaltung „Fleisch für alle jeden Tag in beliebiger Menge".
Dies hat sich mittlerweile so in der Gesellschaftsmitte manifestiert, dass alleine die vage Diskussion um eine Senkung des Fleischkonsums, aus welchen Gründen auch immer, viele Menschen auf die Barrikaden ruft, da sie sich schlichtweg eines Grundrechts beraubt fühlen. Dabei gibt es unzählige Gründe, die dafür sprechen, unseren Fleischkonsum zu überdenken.

ZAHLEN

Im Jahr 2017 wurde in Deutschland durchschnittliche 87,8 kg Fleisch pro Person gegessen. Hierzulande werden jährlich 753 Millionen Tiere geschlachtet – Fische und Wildtiere nicht dazu gezählt. Weltweit sind das pro Jahr 60–80 Milliarden Landtiere. Diese Zahlen erscheinen groß, aber doch sehr abstrakt. Zur besseren Vorstellung kann man sagen, dass jeder Fleischesser in seinem Leben etwa 22 Schweine, 7 Rinder, 20 Schafe, 600 Hühner und evtl. ein paar Kaninchen, Rehe und Hirsche verzehrt. Mit allergrößter Wahrscheinlichkeit hat er keines davon selbst getötet.

UMWELT

Die tiererzeugenden Industrien werden für 51 % der Treibhausgas-Ausstöße weltweit verantwortlich gemacht. Dazu zählt der direkte Methangas-Ausstoß (Verdauungsgase u. a. von Rindern), aber auch die Klimabelastungen, die im Zusammenhang mit der Tierindustrie ent-

stehen: Soja für Tierfutter wird häufig in Südamerika angebaut, wo wiederum für den Anbau Regenwälder abgeholzt werden. Diese Rodungen und auch der lange Transportweg nach Europa setzen große Mengen CO2 frei, was den Klimawandel vorantreibt.
Zudem werden ⅓ der weltweiten Wasservorräte sowie 45 % der weltweiten Landmasse ausschließlich zur Tierhaltung oder Produktion von Tierprodukten genutzt. 70 % der weltweiten Ackerflächen gehen für Futtermittel drauf. Gleichzeitig verhungern jedes Jahr über 7,5 Millionen Menschen, oft in Ländern, in denen Futtermittel zum Export in wohlhabendere Länder angebaut werden.

BEISPIEL

Für die Erzeugung eines Burger-Patties wird so viel Wasser verbraucht wie für 2 Monate duschen. Wir können bisher trotzdem uneingeschränkt duschen, denn die Rechnung hierfür bezahlt jemand anderes. Deshalb ist es auch so einfach für uns, diese Problematik wegzuschieben. Dies ist aber kurz gedacht, da die Langzeitfolgen uns alle betreffen.

KARNISMUS

Die Theorie der amerikanischen Psychologin **Dr. Melanie Joy** besagt, dass Karnismus genauso ein ideologisch gestütztes Glaubenssystem ist wie Vegetarismus oder Veganismus.
Dass Menschen heute bestimmte Tiere nicht deshalb essen, weil sie es müssen, sondern weil sie sich dafür entscheiden. Dadurch ist es uns möglich, bestimmte Tierarten als Essen zu sehen und andere als Haustiere, denen wir nie etwas zu Leide tun würden.
Sie erklärt unsere Sozialisierung in diesem System, indem Fleischkonsum den drei legitimierenden „N" zugeordnet wird: Er sei normal, natürlich und notwendig. In modernen, mit Lebensmitteln überversorgten Industrieländern trifft keines der drei N auf unsere Lebenssituation zu. Mit der Behauptung es wäre normal, lässt sich der Weg des geringsten Widerstands beschreiten und jeder, der etwas anderes behauptet, erscheint automatisch unnormal.
Moderne Tierhaltung und Überzüchtung hat sich soweit von Natürlichkeit entfernt, dass selbst idyllische Werbeversprechen dieses Bild nur noch schwer aufrechterhalten können.
Die elementare Notwendigkeit von Fleischkonsum gilt mittlerweile als wissenschaftlich widerlegt.

GESUNDHEIT

Der regelmäßige Verzehr von rotem Fleisch wird in vielen medizinischen Studien mit einem erhöhten Krebsrisiko (besonders Brustkrebs, Darm- und Magenkrebs) in Verbindung gebracht. Auch das Risiko für Herzerkrankungen bei täglichem Konsum von mindestens 75 g rotem Fleisch ist 28 % höher, für tödliches Herzversagen sogar doppelt so hoch. Studien belegen auch den Zusammenhang zwischen Fleischkonsum und einem stark erhöhten Typ-2-Diabetes Risiko.
Und dies sind nur die am stärksten erforschten Gesundheitsrisiken. Bei Fleisch aus konventioneller Tierhaltung werden auch Medikamente, Chemikalien und Hormone über das Fleisch weitergegeben, deren Folgen für den Menschen teils unerforscht, teils verharmlost werden. Besonders bei Geflügelfleisch besteht die Gefahr, sich an auf Antibiotika resistenten Keimen zu infizieren für die es keine Heilmittel gibt. Bei Untersuchungen von Discounter-Fleisch waren 88 % der Stichproben betroffen. In der Nutztierhaltung werden in Deutschland doppelt so viele Antibiotika eingesetzt wie in der Humanmedizin. Teilweise wird sogar auf gleiche Wirkstoffe zurückgegriffen, was die Gefahr der Unwirksamkeit der Antibiotika noch verstärkt.

→|

FAZIT

Selbst wenn ich den Aspekt von Tierleid in der industriellen Massentierhaltung hier völlig unkommentiert lasse, wird klar, dass der Status quo unwiederbringliche Umweltzerstörung, Menschenleid und Gesundheitsschäden verursacht, die eine lebenswerte Zukunft auf diesem Planeten in vielerlei Hinsicht massiv gefährden.
Wem Verzicht schwerfällt, dem empfehle ich dringend die Reduktion von Fleisch in jeglicher Form, vor allem auch in verarbeiteten Fertigprodukten, die viele Verbraucher nicht auf dem Radar haben. Im schnellen Burger, im Döner oder auf der Salami-Pizza wird in 99 % der Fälle kein Bio-Fleisch sein. Wenn Fleisch, dann ökologisch, fair und bewusst gegessen.
Selbst für mich als Pflanzenfresserin gibt es keine größere Sünde als zuzusehen, wie jemand Fleisch kauft und es dann nicht aufisst und schlecht werden lässt.

Gebäck

Gekaufte Kekse haben sich vielleicht nicht der erhofften Beliebtheit erfreut, der Rührkuchen stand zu lange rum und ist ausgetrocknet, also was macht man damit? Altbackene süße Teilchen wie Croissants, Zimtschnecken oder Rosinenbrötchen fallen für mich in diese Kategorie. Bei uns zu Hause wurden manchmal so exzessiv Weihnachtsplätzchen gebacken, dass man schon mal im März eine übersehene, unberührte Dose in der hintersten Ecke des Vorratsschranks fand.

„Ein Plätzchen ist einfach ein sehr kleiner Kuchen …“

HALTBARKEIT

Es gibt keine Regel. Okay, eine: Ähnlich wie bei Brot sollte Gebackenes nicht feucht werden, sonst besteht Schimmelgefahr. Abgesehen davon kann nicht viel passieren, außer dass es eine ziemlich trockene Angelegenheit wird. Bei stark butter- oder ölhaltigen Gebäcken kann ein ranziger Geschmack auftreten, das kann man allerdings schon erschnuppern selbst ohne zu probieren.

LAGERUNG

- **Kekse / Plätzchen:** In einer Dose. Bei harten Plätzchen einen Schnitz Apfel dazugeben, das macht sie wieder weich. Fettreiche Kekse mögen es etwas kühler und können in ungeheizten Räumen, auf einem geschützten Balkon oder gut verpackt in einem nicht zu feuchten Keller gelagert werden.
- **Kuchen & Gebäck:** Bei Raumtemperatur lagernd vor Austrocknung schützen. In einem Lebensmittelbehälter oder unter einer Glasglocke. Rührkuchen, Obstkuchen und Torten können gut eingefroren werden. Süßes Gebäck kann im Backofen oder auf dem Toaster aufgebacken werden.

KUCHEN IM GLAS

Kuchen direkt in Einweckgläsern zu backen ist eine beliebte Methode für längere Haltbarkeit. Das geht mit einem beliebigen Rührteig-Rezept →*Seite 229*. Wichtig ist, das Glas nur zu ⅔ mit Teig zu füllen, sodass genug Platz zum Backen bleibt. Das Glas sofort nach dem Backen verschließen, so bildet sich ein Vakuum und sorgt für bis zu einem Jahr Haltbarkeit. Online gibt es detaillierte Anleitungen dazu.

VERWERTUNG

Kekse / Plätzchen:

- als Basis für **Kuchenboden**, z. B. Weihnachtsrestetorte →*Seite 226*
- als **Crumble** für Dessert, Kompott oder süße Frucht-Aufläufe (kann man auch zerkrümelt aufbewahren = platzsparend)
- Was ist besser als ein Keks? Zwei! Gepimpt zum Doppeldecker mit Schokocreme, Marmelade, Erdnussbutter oder Eiscreme.
- zerkrümelt mit Eis vermischen für selbst gemachtes **Cookie-Eis**
- als **Eiscreme-Keks-Torte**: In einem Behälter Kekse und aufgeschlagene (Kokos)Sahne (mit Früchten) schichten und über Nacht einfrieren. In Scheiben geschnitten ein leckeres, schnelles Dessert. Für Kokossahne einfach Vollfett-Kokosmilch im Kühlschrank gut kühlen und anschließend mit dem Handrührer und einer Packung Sahnesteif aufschlagen.
- als Füllung für **Bratäpfel**

Kuchen:

- zur Herstellung eines **Schichtdesserts / Tiramisu** mit Espresso und / oder Likör tränken
- **Kuchen-Auflauf**: Kuchen in eine Auflaufform zerbröseln, beliebiges Obst / Kompott / Marmelade darüber und nach Belieben mit Fruchtsaft beträufeln. Mit Zimt-Zucker bestreuen & 15 Minuten im Ofen backen.
- klassische Konditor-Verwertung: **Rumkugeln**. Zerkrümelter Kuchen, Fett (Butter, Margarine, Kokosöl), gehackte Nüsse / Mandeln / Kokos, optional Rum, Kakao verkneten & Kugeln formen. Nach Belieben in Schokostreuseln wälzen.
- **Cakepops**: Kuchenbrösel mit (pflanzlichem) Frischkäse verkneten & Bällchen formen. Im Kühlschrank fest werden lassen und mit Schoko- / Zuckerglasur überziehen.

Gebäck:

- **Arme Ritter:** der Klassiker

Weltweit gibt es Variationen alten Brotes / süßer Brötchen / Toast, die ähnlich zubereitet werden: In einer Mischung aus Ei und Milch, Wein, Tee oder Wasser getunkt und in ordentlich Fett herausgebacken und süß mit Zimt-Zucker, Sirup, Früchten, Sahne, Honig serviert. Klappt hervorragend vegan mit einer Tunke aus pflanzlicher Milch, die mit etwas Mehl verrührt wird. In Ungarn gibt es eine gesalzene, herzhafte Variante, die oft mit Spinat serviert wird. Call me names: Kaum ein Gericht hat international so viele lustige Namen zu bieten.

Top 5:

1. Poor Knights of Windsor = Die armen Ritter von Windsor/ Großbritannien
2. Brot in Pelz (herzhaft) / Ungarn
3. Pain Perdu = verlorenes Brot / Frankreich
4. Versoffene Jungfer (mit Rotwein / Most) / Süddeutschland
5. Blinder Fisch (herzhaft) / Deutschland

FAZIT

Genau wie altbackenes Brot verdient altbackenes Gebäck ein zweites Leben!

Getreide Pseudo-getreide

BEDEUTUNG

Getreide bildet bis heute die Lebensgrundlage für einen Großteil der Weltbevölkerung. 48 % der gesamten Nahrungsenergie und 43 % der Gesamtproteinzufuhr werden aus Getreide bezogen. Ernährungsgesellschaften weltweit empfehlen einstimmig den täglichen Verzehr von Vollkorngetreide als Basis für eine gesunde, ausgewogene Ernährung.

- **Glutenhaltige Getreide:** Weizen, Dinkel, Roggen, Gerste, Emmer, Kamut, Hafer
- **Glutenfreie Getreide:** Mais → *Seite 98*, Reis → *Seite 110*, Hirse, Teff
- **Sogenannte Pseudogetreide*:** Quinoa, Amaranth, Buchweizen, Cañihua

Neben den ganzen Getreidekörnern gibt es unzählige, weiter verarbeitete Getreideerzeugnisse, die nicht den ultimativen Nährwert des ganzen Korns besitzen, aber auch viele gesunde, leckere Verwendungsmöglichkeiten bieten. Bei uns gängige Getreideerzeugnisse:

- **Mehl, Getreideflocken, Graupen, Grieß, Kleie, Schrot / Grütze, Bulgur, Couscous**

Mehr Infos zu diesen Lebensmitteln findet ihr unter Getreideflocken → *Seite 74* und unter Mehl → *Seite 100*.

*PSEUDOGETREIDE *sind Körnerfrüchte von Pflanzenarten, die nicht – wie Getreide – zur Familie der Süßgräser gehören, aber wie Getreide verwendet werden.*

VOLLKORN

Die gesündeste und vollwertigste Form des Getreidegenusses ist der Verzehr des vollen Korns. Denn in Schale und Keim sitzen die meisten Vitamine, Mineral- und Ballaststoffe. Also genau all das, was entfernt wird, wenn wir das reine Weißmehl verwenden. Es gibt eine ganze Ernährungstheorie, die nur auf diesem Prinzip beruht, die Vollwerternährung, die neben der Verwendung des vollen Korns als wichtigste Zutat vor allem auf frische, unverarbeitete Lebensmittel und möglichst wenig tierische Produkte setzt. Kommt einem irgendwie bekannt vor, oder? Deren Pionieren verdanken wir, dass wir heute Vollkornbrot und Birchermüsli essen.

ZUBEREITUNG / KOCHZEIT

- **Gerste, Roggen, Weizen:** über Nacht einweichen, Kochzeit 30–45 Minuten
- **Grünkern, Reis, Hafer:** nicht einweichen, Kochzeit 30–40 Minuten.
- **Amaranth, Buchweizen, Hirse, Quinoa:** nicht einweichen, Kochzeit 15–20 Minuten
- **(Pseudo-)Getreide, wie Quinoa, Amaranth, Hirse und Reis:** Mischtechnik aus Kochen und Quellen, hierfür die Körner mit genügend Wasser aufkochen (meistens doppelt so viel) und anschließend bei geschlossenem Deckel auf niedriger Hitze 5–15 Minuten in Ruhe lassen.

MAHLEN / SCHROTEN

Ganze Körner frisch zu mahlen und weiterzuverwenden ist eine tolle Sache und man schmeckt den Unterschied, selbst bei gebackenem Kuchen. Schroten ist grobes Mahlen. Geschrotetes Getreide kann man für Breie, Vollkornbrot, Bratlinge und vieles mehr verwenden. Getreideschrot muss nicht eingeweicht werden, sondern kann sofort in heißes oder kaltes Wasser, Brühe oder andere Flüssigkeiten eingerührt, kurz aufgekocht und zum Quellen stehen gelassen werden. Flocken werden mithilfe einer Quetsche hergestellt, genau wie Getreidemühlen gibt es diese auch für den Heimgebrauch. Frische Flocken schmecken einfach auch noch mal ein bisschen leckerer als gekaufte, lang gelagerte. Mehr Infos zu Getreideflocken gibt's auf →*Seite 74*.

SPROSSEN

Auch aus Getreiden kann man Sprossen ziehen und diese als Topping und Beigabe für verschiedenste Gerichte verwenden. Bei diesem Vorgang multipliziert sich der Gehalt der biologischen Wirkstoffe. Eine ausführliche Anleitung findet ihr auf →*Seite 29*.

ZERO WASTE PROBLEM

Wer keinen Unverpackt-Laden um die Ecke hat, bekommt Getreide nur schwer lose zu kaufen. Aber zumindest kann man auf größere Gebinde zurückgreifen und auch mal ein Kilo statt vier 250 g-Plastikpackungen kaufen. Einzelne Bio-Unternehmen bieten bereits alternative Verpackungen aus Papier und Zellulose an. Auch „exotische" Pseudogetreide wie Quinoa und Amaranth werden mittlerweile in Deutschland angebaut, dies ist gegebenenfalls auf der Verpackung vermerkt.

VERWERTUNG

- kalt als Basis für **Salate** mit Trockenfrüchten, Trauben, Tomaten, Paprika, Nüssen, Gurke, Zucchini, Kürbis, Kohl, Äpfeln, Bohnen
- warm als Hauptmahlzeit mit Gemüse, Rohkost- oder grünen Salaten, Bestandteil von **Bowls**, z. B. zweierlei Hirse →*Seite 172/174*
- als Einlage für **Suppen** und **Eintöpfe** →*Seite 168*
- als Grundlage für süßen **Frühstücksbrei** (als ganzes Korn, geschrotet oder als Flocken)
- als **Risotto** (Reis, Hirse, Gerste)
- gekeimt als **Salat** oder **Frühstücksbrei** →*Seite 172*
- für **Vollkornbrot** und gebackene **Süßwaren**

FAZIT

Vollkorngetreide und Pseudogetreide sind als Grundnahrungsmittel für eine ausgewogene, überwiegend pflanzliche Ernährung essentiell und lassen sich unglaublich vielseitig zubereiten. Produkte aus heimischem Anbau mit möglichst wenig Verpackungsmüll sind vorzuziehen.

Getreideflocken

Getreideflocken werden aus unterschiedlichen (Pseudo-)Getreiden hergestellt. Die Gängigsten sind aus Hafer gepresst, es gibt mittlerweile eine große Auswahl glutenhaltiger und glutenfreier Flocken, wie z. B. aus Reis, Quinoa, Hirse, Braunhirse, Canihua, Buchweizen.

GEKAUFT VS. FRISCH

Im Handel erhältliche Flocken werden vor dem Walzen kurz gedämpft für längere Haltbarkeit. Bei der Hitzebehandlung werden Enzyme sowie ein Teil der enthaltenen Vitamine und Mineralstoffe zerstört. Trotzdem sind sie immer noch sehr gesund und nährstoffreich.
Für alle, die gerne selber ans Werk gehen, gibt es Flockenquetschen für zu Hause. Neben elektrischen gibt es auch handbetriebene, die ähnlich einer Kaffeemühle funktionieren. Beim selber frisch flocken bleiben alle wertvollen Inhaltsstoffe erhalten und es schmeckt einfach eine Spur aromatischer. Wer also total auf Flocken-Frühstück steht, sollte über diese Investition einmal nachdenken.

GETREIDEFLOCKEN VS. FRÜHSTÜCKSZEREALIEN / MÜSLI

Viele Fertig-Müsli-Mischungen und Zerealien haben einen enorm hohen Zucker- und Fettgehalt und mit gesunder Ernährung rein gar nichts zu tun.
Vor allem Knusper-Müslis sind oft randvoll mit Süßungsmitteln. Deshalb beim Kauf am besten sorgfältig die Zutatenliste und Nährwerttabelle studieren, lieber zuckerfreie Mischungen kaufen und diese selbst rösten. So könnt ihr genau bestimmen, ob und wie viel Süßungsmittel ihr dazugeben wollt. Mir persönlich reichen oft ein paar fein gehackte Trockenfrüchte oder Rosinen als süße Komponente.

HALTBARKEIT

Fertig gekaufte Flocken können bei trockener Lagerung z. B. in einer Vorratsdose / Schraubglas auch unbedenklich verzehrt werden, wenn das Mindesthaltbarkeitsdatum schon abgelaufen ist. Frisch zu Hause gepresste Flocken besser direkt verzehren bzw. innerhalb weniger Tage verbrauchen.

GROB- ODER FEINBLÄTTRIG

Bei Haferflocken werden diese beiden Sorten angeboten. Die feinblätterigen Flocken lösen sich in Flüssigkeit schnell fast vollständig auf, sorgen für cremige Konsistenz / Bindung und sind für Babynahrung geeignet. Die Gröberen geben Struktur und „was zum Beißen".

NOTFALL-TIPP

Aufgrund ihrer Saugfähigkeit eignen sich Getreideflocken super, um Gerichten Konsistenz zu geben, etwa wenn Bratlinge oder Keksteig zu feucht / flüssig geraten sind.

LEFTOVERS

Wenn euch bereits gekochtes Porridge übrig bleibt, gibt es dafür eine köstliche Verwertungsmöglichkeit: Da es nach einem Tag richtig fest wird, kann man es in Scheiben schneiden, in der Pfanne in Öl beidseitig anbraten und anschließend süß oder herzhaft genießen.

ZERO WASTE PROBLEM

Ähnlich wie bei ganzem Getreide / Pseudogetreide stellen Plastikverpackung und lange Transportwege importierter Ware eine ökologische Belastung dar. Beides kann durch den Erwerb in Unverpackt-Läden / in größeren Gebinden sowie der Wahl regionale Ware reduziert bzw. vermieden werden.

VERWERTUNG

- süßes Frühstück / **Overnight Oats**: über Nacht mit (pflanzlicher) Milch / Joghurt / Wasser quellen lassen und mit frischem oder TK-Obst / Kompott / Fruchtmus / Trockenfrüchten / Nüssen / Nussmus / Marmelade / Sirup
- süßes Frühstück / **Porridge**: im Wasser oder (pflanzlicher) Milch aufkochen und je nach Flockenfeinheit 2–5 Minuten köcheln lassen, mit Zimt, Sirup, Obst, Nüssen, Vanille, Kakao, etwas Kokosöl, buttrigem Rapsöl oder Nussöl verfeinern. Für Wagemutige: Probiert es im Sommer mal mit geriebener Zucchini – köstlich!
- püriert als cremiger **Frühstücksbrei** → *Seite 172*
- als Zutat für **Energy Balls**, der perfekte Reise- und Zwischendurch-Snack → *Seite 222*
- als **herzhaftes Porridge**: Gekocht mit Gemüse- oder Misobrühe, mit frischen Kräutern, Frühlingszwiebeln, (getrockneten) Tomaten, Sprossen, gerösteten Samen – leicht zuzubereiten & sättigend. Eine schnelle Zwischenmahlzeit oder leichtes Abendessen.
- als Basis für köstliche **Muffins** oder **Kekse**, z. B. aus überreifen Bananen → *Seite 38*
- für **Burger-Patties**: entweder auf Basis von Flocken oder unter Zugabe von Gemüse, Hülsenfrüchten oder altbackenem Brot.
- zum Andicken von Suppen und Saucen
- als Zugabe zu **Kartoffelpuffern** oder selbst gebackenem **Brot**
- aus Basis für selbst gemachtes **Granola**: Gemischt mit klein geschnittenen Trockenfrüchten, Nüssen, Kernen, Samen, gepopptem Getreide, Kakaonibs, Kokosraspel mit etwas Öl und etwas Sirup in der Pfanne oder auf dem Backblech braun geröstet. Hält im Vorratsglas mehrere Wochen.
- für selbst gemachte **Müsliriegel** unter Zugabe von Trockenfrüchten, Nüssen, Sirup, Nussmus als knuspriges Topping für süße **Crumbles** und herzhafte **Aufläufe**, z. B. aus müdem Apfel → *Seite 150*

FAZIT

Getreideflocken lassen sich unglaublich vielseitig einsetzen und geben Gerichten sowohl cremige, weiche als auch knusprige oder feste Konsistenz. Sie eignen sich als Bindemittel ebenso wie als Knusperbasis.

Gurken

EINGELEGT

Fast jeder hat ein Glas davon im Kühlschrank, weltweit sind sie auf Burgern und Sandwiches nicht wegzudenken: die Einlegegurken. Hauptvertreter sind Senf-, Gewürz- und Salzgurken. Senf- und Gewürzgurken werden durch Pasteurisierung haltbar gemacht. Wie der Name sagt werden bei der ersten Sorte Senfkörner zur Würze verwendet, die großen Stücke reifer Gurken zusammen mit einem Essigsud aufgekocht. Bei Gewürzgurken (Cornichons) werden kleine, unreife Gurken mit heißem Sud übergossen und mit Geschmackszutaten wie Dill, Zwiebeln, Salz, Zucker und Pfeffer gewürzt. Salzgurken werden durch Milchsäuregärung in einer Salzlake haltbar gemacht.

GURKENWASSER

Das Einlegewasser von Gurken ist viel zu schade, um es wegzugießen. Es kann für Saucen, Dressings und zum Würzen von Aufstrichen verwendet werden. Eine medizinische Studie behauptet sogar, dass Würzwasser ein Wundermittel gegen Muskelkrämpfe sei. In den USA gibt es deshalb Pickle Juice ähnlich wie bei uns isotonische Sportdrinks pur zu kaufen.

SAISON

Heimische Gurken wachsen von Juni bis Oktober. Importware das ganze Jahr.
Da Gurken sich eher für sommerliche Gerichte eignen, lässt sich im Winter gut darauf verzichten, bzw. kann man problemlos auf Einlegegurken zurückgreifen.

ZERO WASTE PROBLEM

Gurken immer ohne Plastikverpackung und in Bio-Qualität kaufen vermeidet Müll und sorgt dafür, dass man auch die Schale mitessen kann. Einlegegurken möglichst aus regionalen Betrieben beziehen oder selbst herstellen.

LAGERUNG & HALTBARKEIT

Frische Gurken sind sehr kälteempfindlich, deshalb halten sie im obersten, wärmsten Fach

des Kühlschranks oft länger als im Gemüsefach. Plastikverpackung soll zudem die Haltbarkeit verlängern, ist für mich aber ein ökologisches No-Go.
Gurken, die zwar ihren Wassergehalt verloren haben, aber noch nicht faulig sind, können noch prima püriert verwendet werden →siehe Verwertung.

FORM

Wer das Gefühl hat Gurken nicht gut zu vertragen, sollte sie geschält, entkernt oder mal fein geraspelt probieren, so sind sie meist besser verträglich.

FÜR FORTGESCHRITTENE

Statt müde Gurken zu pürieren, können sie auch getrocknet und zu einem aromatischen Würzpulver verarbeitet werden. Das geht am besten mit einem Dörrautomaten. Hierfür die Gurken längs in dünne Scheiben schneiden und so lange trocknen, bis keine Feuchtigkeit mehr enthalten ist, anschließend im Mixer zermahlen. Umami pur.
Die Idee habe ich vom Nordic Food Lab, einer Open-Source Organisation, die an der Universität Kopenhagen vom Koch Rene Redzepi (Noma) gegründet wurde.

VERWERTUNG

Salatgurken:

- püriert: als Basis für kalte **Gurkensuppe** oder **Gazpacho**, zusammen mit altbackenen Brotstückchen, Knoblauch, Tomate, Paprika, Olivenöl
- püriert: mit Zucker oder anderem Süßungsmittel zu **Sirup** eingekocht, gefiltert, in einer sauberen Flasche kühl aufbewahrt. Kann als Basis für erfrischende **Gurken-Limonade** oder mit Sekt als Aperitif getrunken werden.
- fein geraspelt als **Tzatziki** →*Seite 171*
- verprügelt als scharfer **Gurkensalat** →*Seite 171*
- zur Aromatisierung von Wasser (natürlich die Scheiben, anschließend aufessen)
- als Füllung für **Sommerrollen** und **Sushi**
- als warmes Gemüse mit heller Sauce, Dill, Minze, Petersilie. Herrlich zu Pellkartoffeln
- als **Salat**, pur oder gemischt mit Bohnen, Kichererbsen, grünen Erbsen, Kartoffeln, Ananas, Pfirsich, Tomaten, Wassermelone, …
- mit dem Spiralschneider zu **Nudeln** verarbeitet
- als grüner **Smoothie**, z. B. mit frischem Spinat
- aus dem Entsafter als erfrischender **Saft**

Einlegegurken:

- auf **Sandwiches, Burgern,** belegten **Brötchen**
- **frittiert** in knuspriger Panade, klingt komisch – schmeckt köstlich!
- als knackige saure Komponente zur allen nur erdenklichen Gerichten **(Ofengemüse, Bowls, gebratener Reis, gekochtes Getreide)** – als Kontrast zu allem, was fettig und knusprig ist.

FAZIT

Gurken sind vielseitiger als man denkt und lassen sich in fast jedem Zustand noch geschmackvoll verwerten. Salatgurken sollten hauptsächlich saisonal verzehrt werden, Einlegegurken gerne das ganze Jahr.

Karotten

Man unterscheidet zwischen Früh-, Sommer- und Spätmöhren.

Die als Karotte, Möhre oder Rübe bekannte Wurzel ist eine der beliebtesten Gemüsesorten überhaupt. Meist in orange, manchmal aber auch lila, weiß, gelb oder zweifarbig und lässt sich unglaublich vielseitig einsetzen.

SAISON

Die ab Mai erntereifen Frühmöhren sind zarter, werden meist im Bund verkauft und sind weniger lang lagerfähig.
Sommer- und Spätmöhren sind größer, fester und halten gekühlt monatelang. Die letzten heimischen Spätmöhren werden im November geerntet.

BLÄTTER

Die Blätter der Karotten, auch Laub genannt, sind nicht nur essbar, sondern auch sehr gesund. Sie enthalten Ballaststoffe, Vitamine und Mineralien und schmecken wie eine Mischung aus Karotte und Petersilie. Sie haben eine feste, leicht holzige Struktur, weshalb ich sie roh fein geschnitten püriert oder gedünstet verwende.

CAROTIN

Carotinoide verleihen der Karotte ihre charakteristische orange Farbe. Das in hoher Konzentration enthaltene Beta-Carotin wandelt unser Körper in Vitamin A um, dies unterstützt unsere Sehkraft. Deshalb sagt man Karotten seien „gut für die Augen".
Lange glaubte man, Beta-Carotin müsse in Verbindung mit Fett aufgenommen werden („Butterbrot zum Möhrchen"). Heute weiß man: Fett verbessert zwar die Aufnahme, noch effektiver ist aber eine starke Zerkleinerung des Gemüses. Passierte / fein geriebene Karotten können ein Vielfaches an Carotin in den Körper transportieren, gründliches Kauen hat dieselbe Wirkung. Doch da Fett als Geschmacksträger wirkt, kann ein Spritzer hochwertiges Öl nicht schaden.

BABYKAROTTEN
In den USA sind 70 % aller gekauften Karotten sogenannte Baby- oder Snackkarotten, die auch hierzulande immer populärer werden. Leider werden sie in Plastikverpackung verkauft und zusätzlich in einer scheinbar unbedenklichen Chlorlösung gewaschen. Gesundheitlich angeblich unbedenklich, aber muss halt irgendwie auch nicht sein, oder?

ZERO WASTE PROBLEM
Wie bei Äpfeln können wir fast das ganze Jahr auf heimische Frisch- und Lagerware zurückgreifen. Zusätzlich ist Importware meist aus Spanien oder Italien erhältlich. Da die Ökobilanz von Langzeitlagerung schlechter sein kann, als von importierter Frischware aus Europa, sprechen sich manche Experten hierfür aus. Eine eindeutige Empfehlung scheint schwierig, da auch Importware aus beheizten Treibhäusern mit hohem Energieverbrauch stammen kann. Optimal ist es, Frischware saisonal ohne Plastikverpackung zu kaufen.

LAGERUNG
In Holzkisten mit etwas Erde können Sommer- und Spätkarotten in trockenen Kellern / Speisekammern monatelang frisch bleiben. Außerdem lassen sie sich kurz blanchiert, gut einfrieren. Bundmöhren halten länger, wenn die Blätter entfernt werden. Das Grün bleibt separat in einem feuchten Küchentuch gewickelt frisch. Möhren halten sich im Gemüsefach etwa 7–10 Tage.

WIEDERBELEBUNG
Schlaffe Möhren saugen sich nach zwei Stunden in einem kalten Wasserbad voll und werden wieder schön knackig. Fleckige Stellen schälen oder ausschneiden und die Möhren zu Suppe oder Aufstrich verarbeiten.

VERWERTUNG
Wurzel:
- für **Salate**: geraspelt als Rohkost zusammen mit Apfel, Zucchini, Birne, Nüssen, Rosinen, Granatapfel oder gedünstet, geröstet mit Getreiden, Blattsalaten, Kräutern
- als **Ofengemüse**, wenn es mal schnell gehen muss
- langsam gekocht in **Eintöpfen** oder als Beilage zu **Bowls, Bratlingen, Getreiden**
- (geröstet und) püriert als Grundlage für einen **Aufstrich** → *Seite 177*
- aus dem Entsafter pur oder gemischt mit anderen **Säften** (Apfel, Ingwer, Sellerie, Birne, Bete)
- mit dem Spiralschneider zu **Nudeln** verarbeitet. Roh oder kurz angedünstet, z. B. mit einem **Pesto** aus den eigenen Blättern
- geraspelt als Basis für gebackenen oder rohen **Karottenkuchen** oder als Zugabe zu selbst gebackenem **Brot**
- cremig als **Püree** oder **Suppe**, verfeinert mit geröstetem Nuss- oder Sesamöl, ayurvedischen Gewürzen, Knoblauch oder Kräutern

Blätter:
- für **Smoothies**, z. B. mit Äpfeln, Birnen, Trauben, Beeren, Banane, Melone, …
- fein gehackt im **Salat** oder **Aufstrich** → *Seite 177*
- als Basis für **Pesto**

FAZIT
Vom handlichen Reiseproviant, über den Einsatz der natürlichen Süße in Gebäck und Säften bis hin zu einer cremigen Konsistenz und geröstetem Umami-Wunder oder der Verwendung der unterschätzten Blätter – es gibt noch viel zu entdecken!

Kartoffeln Süßkartoffeln

Obwohl Kartoffeln und Süßkartoffeln trotz ihres Namens nur sehr entfernt miteinander verwandt sind, werden sie doch aufgrund ihres hohen Stärkegehalts, ihrer teils ähnelnden Konsistenz und Form oft in gleichen Bereichen eingesetzt und auch hier zusammen besprochen. Etwa 70 kg Kartoffeln verspeist der Durchschnittsdeutsche pro Jahr in verschiedenster Form, auch Süßkartoffeln erfreuen sich bei uns stetig wachsender Beliebtheit.

KLEINSTER GEMEINSAMER NENNER

Pommes frites. Das wohl beliebteste Kartoffelgericht der Welt wird mittlerweile immer häufiger aus Süßkartoffeln gewonnen.
Auch für Baked Potatoes, Pürees und die Beigabe zu Nudelteigen (Italien: Gnocchi, Japan: Japchae) werden beide gerne verwendet.

Kartoffeln

SAISON

Heimische Kartoffeln gibt es von Juni bis Oktober. Lagerware den ganzen Winter über.

LAGERUNG

Der beste Lagerort ist unter der Erde. Hobbygärtner kennen den Trick wahrscheinlich, die Kartoffeln möglichst lange im Acker zu lassen. Der natürlichste Vorratsschrank der Welt. Deswegen fühlen sie sich im dunklen, trockenen und kühlen Keller oder der Speisekammer am wohlsten.
Trockenheit schützt vor Fäulnis, Dunkelheit verhindert das Keimen und Grün werden. Bei Zimmertemperatur halten es die Kartoffeln drei bis vier Wochen aus, in der warmen Küche eher kürzer. Wenn noch Erde an der Kartoffel klebt, umso besser, das verlängert die Haltbarkeit.

SOLANIN

Solanin ist ein von der Kartoffel gebildeter sekundärer Pflanzenstoff, der sie vor schädlichen Umwelteinflüssen und Fressfeinden schützt. Die Solanin-Konzentration ist in der Schale am höchsten. Sie kann bei Überdosierung durch Ernährung zu Vergiftungserscheinungen wie Magen-Darm-Beschwerden oder Atemnot führen, jedoch sind solche Fälle nicht nur selten, sondern zudem auch sehr unwahrscheinlich. Alte Sorten haben einen wesentlich höheren Solanin-Gehalt, die bei uns gängigsten Sorten einen äußerst niedrigen. Auf gut Deutsch: Die Menge macht das Gift.
Wer sich nicht von Kartoffelschalen ernährt, sondern diese ab und zu mit isst (oder Chips draus macht →*Seite 180*), dem kann nichts passieren. Oft stammen diese Warnungen noch aus Zeiten, in denen viele Menschen sich sehr mangelhaft ernährten und dann wortwörtlich nur noch Kartoffelschalen zum Essen hatten. Ein Los, das wir glücklicherweise nur aus Geschichtsbüchern kennen. Einzige Ausnahme: Triebe und grüne Stellen nie mitessen. Hier sitzt hochkonzentriertes Solanin. Sind diese aber großzügig entfernt, können die Kartoffeln problemlos gegessen werden.

ZERO WASTE PROBLEM

Kartoffeln werden oft in Plastiksäcken verkauft. Das fördert nicht nur die Fäulnisanfälligkeit, sondern erzeugt auch Müll und kann durch das Kaufen offener Ware vermieden werden.
Zudem gehen 1,5 Millionen Tonnen Kartoffeln jährlich in Deutschland auf dem Weg vom Acker bis zum Teller verloren, weil sie nicht der optischen Norm entsprechen. Zwar wird diese Ware oft noch zur Stärkegewinnung oder Tierfütterung verwendet, bringt den Erzeugern aber nur ein Minimum des ursprünglichen Gewinns. Umwelt- und Bauernverbände fordern hier mittlerweile Handlungsbedarf von politischer Seite, erste Supermarktketten und Biokisten-Unternehmen nehmen diese unkonventionellen Erzeugnisse mittlerweile bewusst ins Sortiment.

URSPRUNG & VIELFALT

Weltweit gibt es über 5000 Kartoffelsorten, etwa 200 werden hierzulande angebaut.
Die Völker der Inka bauten sie schon vor 8000 Jahren an und verehrten die Kartoffelgöttin Axomama. Weil die Kartoffel für die Inkas ein Symbol der weiblichen Fruchtbarkeit war, durften nur Frauen die Kartoffelpflanzen in die Erde setzen. Mit den spanischen Eroberern fand sie auch ihren Weg nach Europa, setzte sich aber erst im 18. Jahrhundert breitenwirksam als Grundnahrungsmittel durch.

GESUNDHEIT

Manchmal wird sie die „Zitrone des Nordens" genannt, denn sogar gekochte Kartoffeln haben einen dreimal so hohen Vitamin C Gehalt wie Eisbergsalat. Um den Vitaminverlust möglichst gering zu halten, sollte man Kartoffeln nicht wässern, sondern unmittelbar vor dem Kochen schälen oder mit Schale im Ganzen kochen.

SORTEN & VERWENDUNG

Es gibt nicht die eine Kartoffel, die für alles passt, sondern eine Vielfalt an Konsistenz, Geschmack und Größe. Junge Kartoffeln sind meist vorwiegend festkochend und späte fast immer mehligkochende. Wer viele Sorten ausprobiert, entwickelt schnell ein Gespür für die richtige Verwendung.

→|

ORIENTIERUNG

- **Festkochende Kartoffeln:** für Salz-, Pell- und Bratkartoffeln sowie Salate.
- **Vorwiegend festkochende Kartoffeln:** für Salz- und Pellkartoffeln, Aufläufe, Rösti, Puffer.
- **Mehligkochende Kartoffeln:** für Püree, Knödel, Kroketten, Küchlein, Puffer, Aufläufe, Suppen, Eintöpfe

VERWERTUNG

- als Basis für selbst gemachte **Gnocchi** → *Seite 182*
- als **Kartoffelschmarrn** → *Seite 180*
- der Klassiker: **Kartoffelsalat**. Ob klassisch mit Mayonnaise oder Essig / Öl / Gürkchen / Erbsen oder mal anders, z. B. mit Chili, Mais, Tomate, Staudensellerie, Dill, Linsen, Rucola – alles ist möglich!
- als **Püree** oder **Stampf**, z. B. mit Sellerie und Gemüse-Konfetti oder mit Senf → *Seite 179*
- als fluffiges **Kartoffelbrot**
- als **Kartoffelpuffer / Rösti**, auch mal gemischt mit anderem Gemüse (Sellerieknolle, Karotte, Bete)
- als reine **Kartoffelsuppe** oder als Beilage zu pürierten Suppen für mehr Bindung (z. B. Kräutersuppe)
- in **Eintöpfen** → *Seite 168*
- als **Pommes frites** → *Seite 166*, Kroketten, Ofenkartoffeln – mit Rosmarin oder Salbei, köstlich!
- als **Auflauf / Gratin**, z. B. mit der gleichen Sauce für die Krautlasagne → *Seite 188*

FAZIT

Alleskönner, die es dunkel mögen.

Süßkartoffeln

VORKOMMEN

Die wachsende Fangemeinde sorgt dafür, dass sie mittlerweile auch in Europa angebaut werden, hauptsächlich in Spanien, Portugal und Italien. Seit einigen Jahren aber auch vereinzelt in Deutschland.
Die hier kultivierbaren Sorten werden im Oktober geerntet. Als ich das erste Mal welche aus Brandenburg auf dem Wochenmarkt sah, flippte ich total aus. In diesem Sinne: Augen offen halten und regional kaufen, wenn verfügbar!

LAGERUNG

Süßkartoffeln sind etwas weniger licht- und hitzeempfindlich als Kartoffeln, für sie muss es vor allem trocken sein, um Fäulnis zu vermeiden, aber sonst lassen sie sich gleich wie Kartoffeln lagern: kühl, trocken und dunkel.

SCHALE & BLÄTTER

Die Schale der Süßkartoffel ist nicht giftig, sondern sogar gesundheitsfördernd: Sie enthält den Stoff Caiapo, der den Blutzuckerspiegel senkt. Im Gegensatz zu Kartoffelblättern kann man auch Süßkartoffelblätter essen, in tropischen Anbaugebieten werden sie häufig zu spinatähnlichen Gerichten verarbeitet.

MEAL PREP

Genau wie Kartoffeln, lassen sich Süßkartoffeln super leicht kochen oder im Backofen grillen und später weiterverarbeiten. Sie sind auch noch schneller weich gekocht als Kartoffeln und eignen sich so hervorragend zur Vorbereitung schneller Alltagsgerichte.

ZERO WASTE PROBLEM

Nicht besonders nachhaltig sind Süßkartoffeln, die einmal um die Welt geflogen werden, deshalb besser auf europäische Ware und, wenn verfügbar, deutsche Erzeugnisse zurückgreifen.

FUN FACT

Süßkartoffeln sind Windengewächse und Schlingpflanzen mit hübschen Blüten, die gerne auch zur Verschönerung von Hausfassaden genutzt werden.

VERWERTUNG

- im Ganzen im Ofen gebacken, vorher gepikst mit einer Gabel, bei 180 °C, 1 Stunde, nach der Hälfte der Zeit wenden. Köstlich, cremig, mit knusprigen Toppings, frischem Dip und Salat!
- als **Salat** / warme Hauptmahlzeit mit Getreiden, grünen Salaten, Kräutern, Nüssen / Samen und einem Pesto oder cremigem Nuss-Dressing
- als süße Basis für glutenfreie **Brownies / Muffins**, **Tortenfüllung**, **Desserts** oder süßes **Püree** mit Nüssen und Ahornsirup als Topping
- als **Pfannen-„Steaks"**: roh von beiden Seiten kross angebacken ohne Vorkochen, funktioniert sogar im Toaster
- mit dem Spiralschneider zu **Nudeln** oder **Chips** verarbeiten, dünsten oder frittieren
- püriert als **Suppe** oder **Püree**

FAZIT

Hierzulande noch ein Newcomer, der sich aber immer mehr auf heimischen Speiseplänen und Feldern findet, völlig zu Recht ob seiner Vielseitigkeit!

Kichererbsen

Kicher leitet sich vom lateinischen Wort Cicer (= Erbse) ab. Der Name Kichererbse hat demnach nichts mit albernem Gelächter zu tun, es handelt sich hierbei um eine Tautologie (inhaltliche Wiederholung). Eine Erbse-Erbse gewissermaßen.

Welch herrliche Vielfalt so ein kleines kugelrundes Gewächs bieten kann. Als Hauptzutat für zwei der wichtigsten Gerichte des Nahen und Mittleren Ostens und Nordafrikas, als wundersamer Lieferant pflanzlichen Eischnees sowie als Basis für viele Speisen der indischen Küche.

GESUNDHEIT

Durch ihren hohen Ballaststoffgehalt bringen sie die Verdauung in Schwung, ihr Kalzium-Gehalt ist mit dem von Kuhmilch zu vergleichen. Außerdem versorgen sie uns mit Eisen, Eiweiß, Zink und Magnesium. Anscheinend ist der Nährstoffgehalt fertig vorgekochter Kichererbsen annähernd gleich mit selbst zubereiteten, allerdings würde ich aus ökologischen (Verpackung) als auch aus geschmacklichen Gründen die frische Zubereitung vorziehen.

EI-EI-EI

Die Kichererbse hat von Natur aus einen nussigen, erdigen Geschmack, der sie zum idealen Eiersatz macht. Unter Zugabe von schwefelwasserstoffhaltigem ayurvedischem Kala Namak Salz kann man daraus pflanzliche Versionen von Rührei, Eiersalat / -aufstrich zaubern. Das Salz erzeugt ein starkes Ei-Aroma, Kurkuma sorgt für die passende Farbe, vegane Mayonnaise für die zuträgliche Portion Fett. Wer auf eine Eiersalat-ähnliche Struktur Wert legt, kann mit dem Pürierstab grob zerkleinerte Nudeln dazugeben.

HUMMUS

Dieses cremige Mus ist das wohl berühmteste Kichererbsen-Gericht, das im Libanon, Israel, den palästinensischen Autonomiegebieten sowie Syrien als Nationalgericht gilt. Hierzulande meist als Sandwich-Aufstrich (mit Grillgemüse) oder Dip in Supermarktregalen zu finden, spielt es in seinen Heimatländern eine tragende kulinarische Rolle. Manchmal noch heiß dampfend serviert mit viel Olivenöl, Tahini, Petersilie, Kreuzkümmel, Pickles und frisch gebackenem Fladenbrot bildet es eine respektable Hauptmahlzeit.

FALAFEL

Aus den gleichen Kulturkreisen stammen diese aus über Nacht eingeweichten, ungekocht gemahlenen Kichererbsen geformten und mit Kräutern und Gewürzen verfeinerten Bällchen, die in heißem Fett knusprig frittiert werden. Sie haben sich in arabischen und türkischen Imbissen längst zum vegetarisch-veganen Bruder des Döner Kebab entwickelt und werden auch gerne mit Hummus serviert, so werden daraus – elegant ausgedrückt – „Variationen von der Kichererbse".

AQUAFABA

Die stark eiweißhaltige Kochflüssigkeit von Kichererbsen lässt sich wie Eischnee aufschlagen und zu süßen Kreationen wie Baiser, Macarons oder luftigem Biskuit verarbeiten. Außerdem kann man daraus die köstlichste Schoko-Mouse der Welt sowie hervorragende Mayonnaise zaubern, deren Rezepte ihr in meinem Kochbuch **„Vegan Queens"** findet. Online gibt es dazu viele Open Source Rezept-Gruppen.

ZERO WASTE PROBLEM

Bei trockenen Kichererbsen fällt weniger Verpackungsmüll an, in Unverpackt-Läden oder Läden mit Trockenware-Spendern können sie offen gekauft werden. Beim Kauf auf das Erzeugungsland achten, Ware aus dem mitteleuropäischen Raum legt kürzere Wege zurück.

LAGERUNG

Getrocknete Kichererbsen sind wie alle Hülsenfrüchte kühl und trocken gelagert jahrelang haltbar. Vorgekochte Ware in Dosen oder Gläsern sind auch nach Ablauf des Mindesthaltbarkeitsdatums oft noch jahrelang gesundheitlich unbedenklich essbar. Allerdings können sich der Geschmack, die Konsistenz und die Farbe verändern. Einfach öffnen und den fünf Sinnen vertrauen.

ANBAU

Die meisten Kichererbsen weltweit kommen aus Indien, Myanmar, Australien und der Türkei. Hierzulande findet man vorwiegend Ware aus dem Mittelmeerraum, z. B. aus Spanien. Vereinzelt gibt es auch deutsche Kichererbsen, jedoch bevorzugen die Pflanzen ein wärmeres Klima.

VERWERTUNG

Kichererbsen:

- als Grundlage für **Curry-Gerichte** und **Eintöpfe**
- als Basis für **Hummus** und andere Aufstriche
- als Zugabe zu Salaten → *Seite 186*, Nudelgerichten
- geröstet als **Snack** oder **Topping** für Gemüsegerichte, z. B. mit scharfer Gewürzmischung
- als **Füllung** für Gemüse, Teigtaschen, Wraps
- als Basis für herzhafte **Falafel / Bratlinge / Bällchen** mit unzähligen Variationsmöglichkeiten
- als Basis für veganes **Rührei** → *Seite 184* **/ Frittata / Eiersalat**
- als Zutaten für süße (glutenfreie) Leckereien: **Schokoladentrüffel, Muffins, Kuchen** (ähnlich wie bei Aquafaba Eischnee überdeckt die Zugabe von geschmolzener Schokolade, Kakao und Süßungsmitteln den spezifischen Grundgeschmack)

Kichererbsenmehl als glutenfreie Mehlalternative

- für **Pfannkuchen, Rührteige, Panade** und als **Bindemittel**

FAZIT

Wie bei allen Hülsenfrüchten: Auf Vorrat kochen und in die Ernährung integrieren.

Kohl

Ich bin immer sehr versucht den Plural von Kohl als Köhle zu benennen, leider ist dies grammatikalisch falsch, würde aber deren unfassbare Vielfalt unterstreichen.
Kohl war schon immer da, ist aber in den letzten Jahren so richtig Trend geworden und deshalb findet sich eine stetig wachsende Sortenvielfalt auf dem heimischen Lebensmittelmarkt. Ein unheimlicher Zugewinn wie ich finde.

ZUBEREITUNGSARTEN

- **Roh:** Zur besseren Verdauung den rohen, fein geschnittenen Kohl mit etwas Salz, Sojasauce oder Misopaste einige Minuten kräftig massieren und vor dem Verzehr 10 Minuten ziehen lassen. Das bricht die Struktur der Blätter auf, lässt Wasser austreten und macht ihn bekömmlicher und leichter zu kauen.
- **Fermentiert:** Mit der gleichen Methode kann man sämtliche Kohlsorten selbst fermentieren, nach diesem Prinzip wird auch Sauerkraut und Kimchi hergestellt. Toller Nebeneffekt: wahnsinnig gesund → *Seite 28*.
- **Gekocht:** Sowohl im Ganzen oder einzelne Blätter kann man in heißem Wasser kochen / blanchieren. Kann man machen, finde ich aber persönlich die langweiligste Art der Zubereitung. Außer man möchte die Blätter anschließend weiterverwenden, etwa für gefüllte, im Ofen oder der Pfanne fertig geschmorte Rouladen oder herrliche Krautlasagne → *Seite 188*.
- **Pur:** Zum Pur-Genuss würde ich Grillen oder Massieren präferieren.

STRUNK

Die Blattstrünke werden oft herausgeschnitten, dabei lassen sie sich hervorragend mit essen. Vorher sehr fein schneiden / hacken.

GRÜNKOHL

Lange kannte man ihn hier nur als zerkochte Matsche zu Würstchen. Spätestens als Beyoncé 2014 einen Kale-Sweater (engl. Grünkohl) trug, schwappte der Grünkohl-Hype aus den USA zu uns und die winterfeste Kohlsorte wurde zum Superfood in Smoothies, Chips und Salaten. In Amerika gibt es eine Vielfalt wunderschöner Sorten in allen erdenklichen Farbschattierungen und Blattfomen – zum Glück werden auch hierzulande immer mehr Sorten angebaut.

LAGERUNG & HALTBARKEIT

Kohl mag es kühl und dunkel, am Besten im Gemüsefach des Kühlschranks. Ein toller Trick für Ein- oder Zwei-Personen-Haushalte: Bei großen Kohlköpfen je nach Bedarf nur einzelne Blätter abschälen statt den Kohl zu halbieren. So hält der Kohl wochenlang. Schnittflächen werden schneller trocken oder fangen an zu schimmeln.
Rosen- und Grünkohl mögen es kühl und leicht feucht: Am besten in ein angefeuchtetes Küchentuch gewickelt im Kühlschrank lagern und innerhalb einer Woche verbrauchen. Wenn ihr nicht hinterherkommt: kurz blanchieren und einfrieren. Oder fermentieren.

SAISON

Vereinfacht kann man sagen: Irgendeinen regionalen, saisonalen Kohl gibt es bei uns eigentlich zu jeder Jahreszeit. Große, feste Kohlköpfe sind gut lagerbar (Weißkohl, Rotkohl, Wirsing), andere haben einige Monate Erntezeit und sind hauptsächlich dann zu bekommen (Grünkohl, Rosenkohl). Genauere Infos findet ihr im Saisonkalender →*Seite 18/19*.

ZERO WASTE PROBLEM

Besonders kleinteilige Kohlsorten wie Rosenkohl oder Grünkohl werden oft in Plastiknetzen oder -beuteln verkauft. Im Bio-Lebensmittelhandel oder auf dem Markt gibt es unverpackte Ware.

VERWERTUNG

frischer Kohl:

- als rohköstlicher **Salat** kombiniert mit Zitrusfrüchten, Äpfeln, Nüssen, (Süß)Kartoffeln, Samen oder klassisch mit Essig-Öl-Marinade, Zwiebeln, Kümmel und Speck (Räuchertofu)
- als **„Slaw"**, ein Salat mit cremiger Sauce (vegane Mayonnaise oder Dressing auf (Erd-)Nuss/Tahini-Basis) →*Seite 191*
- für gefüllte **Rouladen / Wraps**, gerne gefüllt mit Resten von Hülsenfrüchten, Gemüse, Getreiden, Reis, … (kurz blanchieren)
- als **Auflauf** oder **Lasagne** →*Seite 188*; als Beigabe zu Pfannen- / Ofengemüse oder Bowls
- als deftige **Suppe / Eintopf** oder fein püriertes Cremesüppchen (besonders schön mit Rotkohl)
- gegrillt / gebacken als Hauptspeise oder Antipasti, egal ob halbiert, streifen- oder blätterweise, Kohl schmeckt herrlich auf dem Grill oder im Backofen knusprig zubereitet. Mariniert mit Misopaste, Sojasauce, scharfen Gewürzmischungen, Olivenöl und Meersalz schmecken die leicht karamellisierten Stücke auch am Folgetag kalt noch hervorragend →*Seite 193*.
- als Basis für **Pesto** (Grünkohl, Rotkohl) oder als Zugabe für grüne **Smoothies** (Grünkohl)

fermentierter Kohl / Sauerkraut / Kimchi:

- für **Füllungen** von Ofenkartoffeln, Quiches, Tacos, Strudel, Teigtaschen
- mitgebacken in Waffeln oder Pfannkuchenteig →*Seite 197*
- die Flüssigkeit lässt sich super zum **Würzen** von Marinaden, Salatsaucen, Aufstrichen und Suppen verwenden

FAZIT

Eine gute Massage hat noch keinem Kohl geschadet.

Kohlrabi

Obwohl der Kohlrabi eine der vielen Zuchtformen des Gemüsekohls ist, nimmt er so eine Sonderstellung in unserer Küche ein, dass er seine eigene Doppelseite verdient hat.
Wir Deutschen sind absolute Kohlrabi-Weltmeister: 40.000 Tonnen werden hierzulande jedes Jahr angebaut und verzehrt. Das fängt schon bei den Kleinsten an, ein nicht unerheblicher Teil der Ernten wird zu Babynahrung verarbeitet. Der milde Geschmack ist bei Kindern sehr beliebt.

„Je kleiner, desto feiner."

TIPP DER AUTORIN

NAME

Der Name setzt sich aus Herleitungen der lateinischen Wörter „caulis" (Kohl) und „rapum" (Rübe) zusammen, bedeutet somit Kohlrübe. Die Sonderstellung in unserer Küche hat dafür gesorgt, dass der deutsche Name in viele andere Sprachen übernommen wurde, z. B. ins Englische, Japanische und Russische.

ÜBERIRDISCH

Ich muss gestehen, dass mir bis vor einigen Jahren noch nicht klar war, dass Kohlrabi über der Erde wächst. Irgendwann kaufte ich mir mal Zöglinge für meinen Balkon und in diesem Sommer hatten viele meiner Stadtkinder-Freunde ein ähnliches Aha-Erlebnis. Die essbare Knolle ist eine Verdickung der Sprossachse, sozusagen der Grund, warum es sich um keine Wurzel handelt.

SAISON

Von Mai bis November bekommt man regionale Frischware. Von Juni bis September ist die Ernte am ertragreichsten, was sich auch auf einen günstigeren Preis auswirkt. Kohlrabi wird hauptsächlich in Deutschland, Österreich und der Schweiz angebaut. Während der Wintermonate gibt es Importware aus Italien und Spanien.

EINKAUF & QUALITÄT

Je kleiner, desto feiner! Je größer und rissiger, desto holziger. Das ist natürlich etwas „gemein", da Kohlrabi meistens zum Stückpreis verkauft wird und viele Konsumenten denken: „Nehme ich lieber den Größeren, bekomme ich mehr für mein Geld". Wenn man am Ende nur die Hälfte genießen kann, geht die Rechnung nicht auf. Größere, holzige Exemplare lassen sich (zusammen mit den Schalen) zu einer schmackhaften Brühe auskochen oder ohne Schale zu einer cremigen Suppe pürieren.

BLÄTTER

Früher war es noch üblich, Blätter und Stiele mitzuverarbeiten, was wir heutzutage leider nahezu vergessen haben. Die sogenannten Herzblätter enthalten sogar im Verhältnis zum Gewicht noch mehr Nährstoffe als die Knolle selbst.

LAGERUNG

Frühe Sorten sind schlechter lagerfähig, sie sollten innerhalb von zwei, drei Wochen verarbeitet werden. Herbstkohlrabi ohne Blätter kann kühl und dunkel mehrere Monate gelagert werden. Kohlrabi hält ohne Blätter länger frisch. Sie bleiben gesondert, in ein feuchtes Küchentuch verpackt, etwa eine Woche frisch.

VIELFALT

In Deutschland sind 30 weiße und 14 lila Kohlrabi-Sorten geläufig, die sich vor allem in der Form unterscheiden. Leider ist der lila Kohlrabi nur außen lila, soll aber einen etwas würzigeren Geschmack haben, den ich persönlich noch nicht erschmecken konnte.

ZERO WASTE PROBLEM

Kein Augenscheinliches, außer dass wir leider meist nur die Hälfte der tollen Knolle verwenden.

VERWERTUNG

Knolle:

- roh geraspelt / in feine Scheiben oder Stifte geschnitten als Snack, Reiseproviant
- roh, mariniert in Essig-Öl-Dressing als Salat mit Kichererbsen und Tofu → *Seite 186*
- gekocht oder gedünstet als **Beilage**, als **Püree**, in **Eintöpfen**, **Suppen**, in **Aufläufen**
- gehobelt oder geraspelt und **fermentiert**, ähnlich wie Sauerkraut
- als **Gemüsenudeln**, roh oder kurz gedünstet
- als panierte **Schnitzel**
- als **Pommes frites**
- als lokale Variante eines thailändischen **Papaya Salates** mit Som Tam (mit Knoblauch, Chili, Limette, Erdnüssen)

Blätter:

- **gedünstet** wie Blattspinat
- **gefüllt** wie Weinblätter
- fein geschnitten als Beigabe zu Salaten, Suppen, Eintöpfen
- zusammen mit den fein geschnittenen Stielen **fermentiert**, ähnlich wie Kimchi
- als Zugabe zu **Smoothie** oder entsaftet
- als **Pesto** / grüne Sauce

FAZIT

Lokal, gesund und vielseitig!

Kräuter

Man unterscheidet zwischen Heil- und Küchenkräutern, wobei es viele Pflanzen gibt, die in beide Kategorien fallen. Kräuter sind Pflanzen, deren Blätter und Blüten als Gewürz Verwendung finden. Mein Entschluss Kräuter in diese Auswahl zu nehmen, rührt daher, weil sie in unseren Breitengraden zu einem stark verpackten Wegwerfprodukt geworden sind, aber gleichzeitig eine elementare Zutat abwechslungsreicher Küche darstellen.

ANBAU

Küchenkräuter können hervorragend zu Hause angebaut werden, ob auf dem Balkon, in der Küche oder im Blumenkasten. Es gibt winterharte Sorten (Thymian, Oregano, Minze, Bohnenkraut, Salbei, Liebstöckel), die draußen bleiben dürfen (aber trotzdem ab und zu gegossen werden) und solche, die es lieber wärmer mögen bzw. nur einjährig wachsen (Dill, Koriander, Basilikum, Zitronenverbene).

WILDKRÄUTER

Die etwas in Vergessenheit geratene Tradition Wildkräuter zu sammeln erlebt ein absolutes Comeback, selbst im urbanen Raum (abseits stark frequentierter Hundewiesen) gibt es Schätze wie Sauerampfer, Löwenzahn, wilde Rauke, Bärlauch, Brennnesseln, Klee und Gänseblümchen zu ernten. In vielen Gebieten werden geführte Touren von Expert*Innen angeboten.

SAISON

In Gewächshäusern werden Kräuter das ganze Jahr über angebaut und sind somit als Pflanzen im Supermarkt immer verfügbar. Man kann sie aber auch problemlos im Winter in den eigenen vier Wänden säen und ernten.

TROCKNEN

Das Grandiose an Kräutern: Man kann sie hervorragend trocknen. Mit „harten" Kräutern wie Rosmarin, Salbei, Thymian klappt das zu jeder Jahreszeit, auch wenn bei im Winter gekauften Sträußchen mal was übrig bleibt, bei Zimmertemperatur oder auf der Heizung (riecht auch fantastisch). Bei weichen Kräutern mit höherem Wassergehalt (Basilikum, Petersilie, Dill, Liebstöckel, ...) geht das im Sommer super in der Sonne oder mit einem Dörrautomaten, der energiesparend auf niedriger Temperatur schonend trocknet.

LAGERUNG

Getrocknete Kräuter können in Gläsern ganz oder gemahlen aufbewahrt werden. Da sie zerkleinert schneller ihr Aroma verlieren, lagere ich sie lieber in ganzen Blättern und zerkleinere die benötigte Menge bei Bedarf im Mörser.

WÜRZE

Harte Kräuter wir Rosmarin, Thymian, Oregano, Salbei werden mitgekocht, weiche wie Petersilie, Dill, Koriander, Liebstöckel, ... erst am Ende der Kochzeit dazugegeben.

HEILUNG

Vielen Pflanzen, speziell Kräutern wird eine heilende Wirkung zugeschrieben. Meine geläufigsten Heilkräuter: Salbei und Thymian. Als Tee und zur Inhalation bei Halsschmerzen und Erkältungskrankheiten.

ZERO WASTE PROBLEM

Nicht nachhaltig ist es, jede Woche eine im Gewächshaus gezogene Kräuterpflanze in Plastikverpackung zu kaufen, sie einmal abzuernten und anschließend zu entsorgen. Kräuter am besten immer frisch im Bund ohne Verpackung kaufen oder selber anbauen. Getrocknete Kräuter sind geschmacksintensiver, vom Inhalt einer Dose zehrt man länger als von einem verpackten Sträußchen Thymian.

RETTUNG

Supermarkt-Kräutern schenkt man ein zweites Leben, indem man sie nach dem Kauf in einen größeren Topf mit frischer Erde umpflanzt. So erholen sie sich meist schnell und werden langlebig.

VERWERTUNG

weiche Kräuter (Basilikum, Petersilie, Koriander, Dill, Liebstöckel, Minze, Schnittlauch, Bärlauch, Zitronenverbene, Kerbel):

- zu **Pesto / Saucen / Dips** verarbeiten (super für leicht welke Blätter, die so noch mal weiter gelagert werden können)
- **Smoothies** beigeben (besonders gut: Basilikum, Zitronenverbene, Melisse, Minze)
- als Beigabe zu **Aufstrichen** und (pflanzlichem) **(Frisch-)Käse**
- für **Füllungen**, z. B. für Pasta → *Seite 209*

harte Kräuter (Thymian, Rosmarin, Salbei, Oregano, Majoran, Estragon):

- zu **Ofengemüse, Kartoffel-** und **Gemüsegerichten,** in **Saucen**
- zu **Ofentomaten** → *Seite 182*, in **Eintöpfen** → *Seite 168*
- zu geschmortem Steinobst → *Seite 221*
- Salbei: **frittieren** und als **Topping** auf Gerichten verwenden → *Seite 182*
- als Beigabe zu selbst gebackenem **Brot / Foccacia / Brötchen / Grissini**

FAZIT

Kräuter sind ein bisschen wie gute alte Freunde, bei denen man manchmal vergisst, wie wichtig sie für unser Wohlbefinden sind. Daran sollte man sich stetig erinnern.

Kürbis Zucchini

Heute geht man davon aus, dass Kürbisse bereits seit 10.000 Jahren von Menschen domestiziert werden. Weltweit werden unzählige Arten verspeist und weiterverarbeitet.
Zucchini gehören auch zur Pflanzenfamilie der Kürbisgewächse und wurden aus einer Züchtung des Gartenkürbis entwickelt.

KLEINSTER GEMEINSAMER NENNER

Kürbis und Zucchini lassen sich hervorragend nicht nur zu herzhaften sondern auch zu süßen Speisen verarbeiten, eine oftmals unterschätzte Qualität.

„Auch Zucchini sind Kürbisse."

CUCURBITACIN

Cucurbitacin sind in Kürbisgewächsen vorkommende giftige Bitterstoffe, die aber nur in Rückkreuzungen oder wild wachsenden Arten vorkommen.
Sie können schwere Lebensmittelvergiftungen auslösen, die Wahrscheinlichkeit an so ein Exemplar zu geraten ist aber verschwindend gering. Die Zahl der Todesfälle in den letzten Jahrzehnten weltweit lässt sich an einer Hand abzählen, es ist wohl wahrscheinlicher von einer Haselnuss erschlagen zu werden.

Kürbis

SAISON & REIFE

Erntezeit August bis November. Danach Lagerware. Wenn Kürbisse reif sind, klingen sie hohl, wenn man auf die Schale klopft und haben einen verholzten Stiel. Kleinere Exemplare haben meist ein festeres Fruchtfleisch, mehr Geschmack und sind weniger faserig.

LAGERUNG

Intakte, reife Kürbisse lassen sich bis zu acht Monate lagern. Am besten an einem trockenen, dunklen Ort bei maximal 15 Grad Celsius. Aufgrund ihres Gewichts bekommen sie leicht Druckstellen, deshalb ist es optimal sie in Einkaufsnetzen aufzuhängen. Wer keine eigenen Kapazitäten hat, kann natürlich auch gelagerte Kürbisse kaufen.

KERNE

Kürbiskerne sind unglaublich gesund und lassen sich vielseitig verwenden. Als Topping für Salate und Gemüsegerichte, als Kruste für Bratlinge oder als Kontrast zu süßen, fruchtigen Desserts.
Auch das tiefgrüne Kürbiskernöl verfeinert Suppen, Dressings, Marinaden und sogar Süßspeisen mit seiner intensiv nussigen Note.

BLÜTEN

Kürbis- und Zucchiniblüten sind essbar. Gerne werden sie gefüllt und knusprig frittiert.

SCHALE

Theoretisch ist die Schale aller Kürbisarten essbar. Doch sind manche sehr hart und somit ungenießbar. Ultimativer Trick: Ein Stück Kürbis auf der Schalenseite aufliegend im Ofen backen. Wenn die Schale in der gleichen Zeit wie das Fruchtfleisch weich wird, kann sie problemlos mitgegessen werden. Wenn sie noch hart ist, besser wegschneiden.

KLEINKRIEGEN

Große Früchte wie Muskatkürbisse sind schwer mit dem Messer zu teilen, brachial klappt's: Einfach aus 1 Meter Höhe auf den Boden fallen lassen. So entsteht ein Riss, der die Zerteilung erleichtert.

Zucchini

Es gibt weiße, gelbe, dunkelgrüne und gestreifte Zucchini in länglicher und runder Form.

SAISON

Erntezeit von Juni bis Oktober.

LAGERUNG

Bei einer Länge von 10 bis 20 cm geerntet, ist das Fruchtfleisch zart. Lässt man sie wachsen, erreichen sie Kürbisgröße und können monatelang gelagert werden. Kleinere Exemplare halten im Gemüsefach oder einem kühlen Raum 10–14 Tage. Wichtig ist, dass sie nicht feucht werden, sonst besteht Fäulnisgefahr.

VERWERTUNG

Kürbis

- im Ofen (oder auf dem Grill) gebacken und sofort verzehrt oder zu **Suppe, Püree, Aufstrich** oder als **Salatzutat** verarbeitet
- gekocht / gedämpft als Beilage, ins **Risotto**, **Aufläufe**
- als **Mus** zur Weiterverwendung für Süßspeisen, Kuchen
- gefüllt und gebacken mit Getreiden, Gemüse (gerne übrig gebliebene Reste)

→ |

- püriert als Basiszutat für **Gnocchi** (angelehnt an Rezept → *Seite 182*) oder als Creme für **Pizza / Flammkuchen**
- als **Nudeln** (Spaghettikürbis oder Butternut / Hokkaido mit dem Sparschäler)
- roh gerieben als Zutat für **Coleslaw**
- eingelegt / fermentiert
- zu **Chutney / Marmelade** eingekocht
- Butternut: Hälfte ohne Kerne in Scheiben als **Burger-Patty**, z. B. für Barbecue

Zucchini:

- als süße Basis für **Kuchen**
- kross gebacken als **Puffer** (auch gemischt mit (Süß-)Kartoffeln, Bete, Karotten, Pastinake)
- roh oder kurz gedünstet als **Nudeln** (Spiralschneider, Sparschäler)
- roh massiert als **Salat** z. B. mit Bohnen und Pesto → *Seite 161*
- als **Tzatziki** → *Seite 171*
- fein geraspelt als Zutat für **Porridge** (super saftig und fruchtig)
- knusprig gebacken / getrocknet als **Chips**
- püriert als **Suppe** (z. B. gemischt mit Erbsen, Spinat, Kartoffeln)
- als hauchdünner **Pizzabelag**
- als **Smoothiezutat**
- als **Antipasti**, mit Olivenöl, Kräutern und Knoblauch angebraten, im Kühlschrank locker eine Woche haltbar

FAZIT

Enge Verwandte, beide schmackhaft und vielseitig, gut lagerbar, regional. Absolute Allround-Gemüse!

Linsen

Für viele Menschen stellen Linsen eine überlebenswichtige Eiweißquelle dar. Gerade in Ländern mit heißem, trockenem Klima zählen sie noch heute zu den wichtigsten Grundnahrungsmitteln.

> *„Linsen sind die Perlen der Erde."*

ANBAU

Da Linsen besser in wärmeren Klimazonen gedeihen, werden sie in Deutschland nur vereinzelt angebaut, einige Bio-Anbieter haben aber explizit heimische Produkte im Angebot. Der Großanteil im Bio-Anbau kommt aus Italien, Spanien und Griechenland.

SORTEN

Weltweit gibt es über 70 Sorten. Lange galten Linsen als Arme-Leute-Essen, doch zum Glück erleben sie dank wachsendem Gesundheitsbewusstsein und als Proteinquelle für Pflanzenfresser wie mich, ein glorreiches Comeback. Was auch dafür sorgt, dass die Sortenvielfalt im Handel steigt.

Große Tellerlinsen lassen sich gut zu Bratlingen verarbeiten oder in Eintöpfen mitkochen. Kleine Linsensorten wie z. B. Belugalinsen (der Name ist eine Referenz an Kaviar) oder die französischen Château-Linsen schmecken besonders fein, da sie einen höheren Schalenanteil haben, in dem sich ihre delikaten Aromen verstecken. Gelbe und rote Linsen sind besonders weich und eignen sich gut für Suppen, Pürees und Aufstriche.

GESUNDHEIT

Mit über 20 g auf 100 g sind Linsen unschlagbare Eiweißlieferanten. Zudem enthalten sie wertvolle Mineralstoffe und Spurenelemente wie Kalium, Magnesium, Calcium, Zink, Kupfer und Phosphor. Sie enthalten, wie alle Hülsenfrüchte, viele Ballaststoffe, die positiv auf unsere Verdauung wirken und Krankheitsrisiken z. B. für Herzinfarkt, Diabetes Typ 2 und Arteriosklerose senken.

TRADITIONELL

Linsensuppe darf auch in der deutschen Hausmannskost nicht fehlen. Traditionell als Suppe mit fleischigen Einlagen wie Speck oder Würstchen, die sich aber hervorragend durch schnittfesten Räuchertofu ersetzen lassen. Zusammen mit Suppengrün und Kartoffeln – in Österreich auch oft mit Semmelknödeln serviert – wird daraus eine vollwertige Mahlzeit. In vielen Gegenden abgerundet mit einem ordentlichen Schuss Essig (Saure Linsen). In Schwaben auch in Kombination mit Spätzle.

BISSFEST

„Die Guten ins Töpfchen, die Schlechten ins Kröpfchen ..." heisst es in Märchen Aschenputtel der Gebrüder Grimm, in dem eben dieses mit der niederen Tätigkeit schikaniert wird, in die Asche geworfene Linsen auslesen zu müssen und es nur dank der Hilfe der hilfsbereiten Turteltäubchen schafft, rechtzeitig fertig zu werden, um mit auf den Ball am Königshof zu dürfen. Der Rest ist Geschichte.

Doch tatsächlich war Linsen verlesen früher eine ultimativ notwendige Tätigkeit wenn man sich nicht die Zähne ausbeißen wollte. Zum Glück wird dies mittlerweile von Maschinen übernommen und nur in den seltensten Fällen verirrt sich mal ein Steinchen ins Töpfchen. Vorsicht ist nur bei Erzeugnisse sehr kleiner, regionaler Bio-Betriebe geboten, ich hatte mal bei auf dem Markt erstandenen griechischen Linsen eine sehr hohe Steinchen-Dichte. Augen auf!

ZUBEREITUNG / KOCHZEIT

- **Tellerlinsen:** Die Kochzeit von Tellerlinsen lässt sich um die Hälfte auf 30 Minuten verkürzen, wenn sie davor eine Stunde eingeweicht werden.
- **Kleine Sorten (Belugalinsen, Berglinsen, Puy Linsen):** müssen nicht eingeweicht werden und sind in 20 bis 30 Minuten gar.
- **Rote und gelbe Linsen:** Die Kochzeit beträgt nur 10 Minuten ohne Einweichen. Erst nach Ablauf der Kochzeit salzen, denn Salz verlängert die Kochzeit.

PANNENHILFE

Wenn Linsen wirklich mal verkochen, können sie immer noch wunderbar zu Suppe oder Aufstrich verarbeitet werden.

VERWERTUNG

- als Basis für köstliche **Aufstriche** wie die Linsen-Pilz-Walnuss-Pastete → *Seite 203*
- für cremige oder stückige **Suppen, Breie, Eintöpfe** unendlicher Vielfalt: Dhal (Indien), Mercimek Çorbası (Türkei), Misir Wot (Äthiopien)
- für pflanzliche **Bolognese-Sauce** statt Hackfleisch
- als Basis für veganen **Hackbraten** (mit Zwiebeln, Gewürzen, Pilzen, Wurzelgemüse)
- als Salat → *Seite 177* mit Rote Bete, Nüssen, Grillgemüse, Nudeln, Reis, Blattgemüse
- als **Curry-Eintopf** mit Reis oder Fladenbrot
- zur **Füllung** von (grünen) Wraps, Tacos, Pfannkuchen, Teigtaschen, Aufläufen
- als Basis für **Bratlinge** und knusprige **Bällchen**

FAZIT

Jede Ernährungsweise sollte am besten auf täglicher Basis Hülsenfrüchte enthalten, vegane Ernährung ganz besonders. Linsen sind die Hülsenfrüchte mit der kürzesten Zubereitungszeit, deshalb also besonders alltagskompatibel.

Mais
Maismehl

Die in Österreich und manchen Teilen Bayerns auch Kukuruz genannte Pflanze ist in Teilen Afrikas und Lateinamerikas ein wichtiges Grundnahrungsmittel und das nach Weizen am zweithäufigsten gehandelte Getreide weltweit.

VERWENDUNG

Nur 15 % der globalen Maisernte gehen in die Lebensmittelproduktion, über 60 % , also viermal so viel, werden an Nutztiere verfüttert. Man muss kein Ökonom sein um sich vorstellen zu können, wie viel Energie mehr auf diesem Verarbeitungsweg aufgewandt wird im Vergleich zum Direktverzehr. Mehr zur Ökobilanz von Fleisch findet ihr auf → *Seite 66*.

MAISMEHL & -STÄRKE

Maismehl eignet sich zur Herstellung glutenfreien Gebäcks, wobei Mischungen mit anderen glutenfreien Mehlen (Buchweizen, Reis) die besten Ergebnisse erzielen. Hierzu gibt es online und im Buchhandel unzählige Rezepte, viele auch gleichzeitig vegan. Zudem werden Brot-, Kuchen- oder Keksteige unter Zugabe von etwas Maismehl (oder -grieß) lockerer und bekommen eine intensive gelbe Farbe.

Für besonders mürbe, feinporige Gebäckarten wird auch Maisstärke gerne verwendet. Sie dient auch als Bindemittel für Suppen, Saucen und Gemüsegerichte sowie für Puddings → *Seite 225* und Fruchtdesserts.

POLENTA

Maisgrieß ist in Norditalien, der Provence, Spanien, Teilen der Schweiz, Österreichs, Rumänien und Südosteuropas fester Bestandteil des Speiseplans. Die traditionelle Zubereitung von Polenta erfordert viel Kraft, da die schwere Masse beständig bis zu einer Stunde gerührt werden muss. Quasi die Workout-Variante einer Risotto-Zubereitung. Zum Glück gibt es mittlerweile vorgegarten Polentagrieß, der in wenigen Minuten weich gekocht ist.

POPCORN

Bei Ausgrabungen auf dem amerikanischen Doppelkontinent wurden 4000 Jahre alte Puffmaiskörner gefunden, Popcorn war somit wohl schon bei den Ureinwohnern beliebt. Superpopulär wurde es aber in den USA erst in den 1920er Jahren während der Weltwirtschaftskrise und parallel mit dem Aufstieg der Kino-Unterhaltungsindustrie. Besonders Maissorten mit dünnen, aber harten Schalen sind zur Herstellung geeignet.
Je nach Präferenz wird Popcorn unterschiedlich gewürzt verzehrt, in Deutschland meistens gezuckert, in Österreich fast ausschließlich gesalzen. Ein großer Food-Trend der letzten Jahre ist Spezialitäten-Popcorn in ausgefallenen Geschmacksrichtungen.

GENMAIS

Gentechnisch veränderter Mais gehört zu den sogenannten GMO-Produkten (Genetically modified organism) und ist in Europa aus ethischen und gesundheitlichen Gründen äußerst umstritten. In Deutschland ist der Anbau verboten, jedoch findet sich gentechnisch veränderter Mais sowohl in verarbeiteten Produkten als auch in Tierfutter.

ZERO WASTE PROBLEM

Bei uns ist Mais zumeist als Konserve (Dose / Glas) oder Tiefkühlprodukt erhältlich. Frische Kolben mit Blatt gibt es nur während der heimischen Saison von August bis Oktober. Oft werden vorgekochte Kolben angeboten, die jedoch aufwendig in Plastik eingeschweißt sind. Meine Empfehlung lautet zur Saison in die Vollen zu gehen, das Jahr über lieber auf Maisprodukte wie Polenta zurückzugreifen oder ab und zu ein Konserven- oder TK-Produkt zu kaufen und auf vorgekochte Kolben zu verzichten.

VERWERTUNG

frischer Mais / Maiskörner:

- als Komponente von **Salaten**, z. B. pikant mit Beeren und Rucola → *Seite 204*
- als Einlage in **Suppen** und **Eintöpfen**, z. B. Chili sin / con Carne, Misosuppe, Chowder
- als knusprige **Bratlinge**, vermengt mit einem Teig aus (Weizen)Mehl, Gewürzen
- im Ganzen gekocht / gegrillt, entweder pur zum Abnagen / Weglöffeln mit etwas Öl / Butter und Salz oder vom Kolben geschnitten und später weiter verwendet
- als **Stampf / Püree**, verfeinert mit Gewürzen, Knoblauch, Chili, Kräutern
- kombiniert mit Reis oder anderen Getreiden

Maisgrieß:

- als **Polentabrei**, am besten gleich die doppelte Portion kochen (Meal Prep) und aus dem Rest am Folgetag knusprige Taler braten → *Seite 212*
- gekocht und ausgestrichen als Boden für **glutenfreie Pizza**
- als **Grießbrei** herzhaft (Grits, USA) oder süß (z. B. als Frühstück mit Zucker & Zimt, Früchten, Apfelmus)

Maismehl:

- als Zugabe zu **Brot- und Kuchenteigen** → *Seite 162*
- als Basis für selbst gemachte **Tortillas**

FAZIT

Am besten die Körner saisonal genießen und sich darüber hinaus mal an Produkte wie Grieß und Mehl heranwagen.

Mehl

Allgemein versteht man unter Mehl das Pulver gemahlener Getreidekörner.

Klar gibt es auch Sägemehl, Knochenmehl, solche Sachen und ich wünschte ich könnte behaupten, dass sie in der Lebensmittelindustrie nie zum Einsatz kommen, aber wir sprechen hier über astreines glutenhaltiges Mehl. Da wahrscheinlich die meisten von uns eine angebrochene Packung im Vorratsschrank haben und man so viele tolle Dinge damit machen kann, darf es hier nicht fehlen.

WEISSMEHL

Hier wird der Mehlkörper des Korns von den Schalenteilen separiert und dann vermahlen. Je mehr von den äußeren Kornschichten entfernt wird, desto niedriger ist der Mineral- und Ballaststoffanteil im Mehl. Aber auch desto feinere Gebäckstücke und Mehlspeisen lassen sich damit herstellen.

VOLLKORNMEHL

Die Schalenteile des Korns werden bei Vollkornmehl mit vermahlen. Sie sind besonders reich an Mineralstoffen. Somit hat Vollkornmehl einen höheren Nährwert als Weißmehl und ist gesünder.

Bei der Verarbeitung nimmt es wegen der enthaltenen Schalenanteile mehr Flüssigkeit auf, quillt stärker und langsamer. Bei der Herstellung (Rührteig, Pfannkuchenteig, …), muss daher etwas mehr Flüssigkeit zugegeben werden.

HALTBARKEIT

- **Helles Mehl** (bis zu Typ 812) ist am längsten haltbar und kann bei trockener Lagerung bis zu 18 Monate benutzt werden.
- **Dunkle Mehle** (Roggenmehl 1370 / Weizenmehl 1050) sind bis zu 6 Monate gut verwendbar.
- Da beim **Vollkornmehl** der Keim mit vermahlen wird, wird es schnell ranzig und sollte innerhalb von drei – vier Wochen nach Kauf verarbeitet oder frisch gemahlen werden.

Der Verzehr von älterem Mehl ist aber nicht gesundheitsschädlich, es stellt sich lediglich ein Qualitätsverlust (z. B. beim Backen) ein oder schmeckt einfach nicht mehr so lecker. Zur Not dran riechen oder eine kleine Menge probieren.

SELBER MAHLEN

Für Leute, die gerne zu Hause Brot und Kuchen backen, lohnt es sich auf jeden Fall über die Anschaffung einer Getreidemühle nachzudenken. Den Unterschied bei der Verwendung frisch gemahlenen Mehls schmeckt man tatsächlich heraus. Gerade wer gerne vollwertig bäckt, kann so die ganzen Körner wesentlich länger lagern als angebrochene Mehlvorräte. Es gibt auch Aufsätze, die sich auf bereits vorhandene Küchenmaschinen montieren lassen sowie spezielle Blender-Aufsätze mit Trockenschneidemessern.

GLUTEN

Gluten (oder Klebeeiweiß) ist ein Sammelbegriff für ein in Samen vorkommendes Proteingemisch. Bei Verbindung von Wasser und Mehl entsteht eine elastische Masse, vereinfacht eine dreidimensionale Proteinstruktur, die für die Backeigenschaft von zentraler Bedeutung ist. Unter Brot → *Seite 52* gehe ich auf das Thema Unverträglichkeiten ein, pauschaler Verzicht auf glutenhaltige Nahrung ist, außer bei Zöliakie und äußerst selten vorkommenden Allergien, nicht notwendig.

TYPEN

Die bei uns übliche Einteilung in Mehltypen ist das Maß für den jeweiligen Mineralstoffgehalt. Zur Bestimmung wird das Mehl in einem sogenannten Muffelofen (kein Witz!) bei 900 Grad Celsius verbrannt. Die nicht brennbaren, verbleibenden Bestandteile entsprechen dem Mineralgehalt. Beim Typ 405 sind demnach 405 mg Mineralstoffe in 100 g Mehl zu finden.

DIE GÄNGIGSTEN MEHLTYPEN

- **Weizenmehl 405** eignet sich wegen seiner guten Bindefähigkeit zum Andicken von Saucen und für Kuchen und Kekse
- **Weizenmehl 550** wird häufig in Bäckereien zum Backen von Brötchen eingesetzt
- **Weizenmehl 1050** ist optimal für Mischbrote
- **Roggenmehl Type 1150 & Dinkelmehl Type 1050** entsprechen dem Weizenmehl 1050
- **Dinkelmehl 630** entspricht dem Weizenmehl 405
- **Vollkornmehl** hat keine Type-Nummer. Es muss laut Norm aus den gesamten Bestandteilen der gereinigten Körner bestehen.

VERWERTUNG

- zum **Backen** (Brot, Kuchen → *Seite 52*, Feingebäck, Strudel → *Seite 70*)
- zur **Teigbindung** mit anderen Zutaten (Gnocchi, Kartoffelschmarrn → *Seite 180 / 181*)
- für selbst gemachte **Pasta / Teigtaschen** → *Seite 209* (gelingt am besten mit Hartweizengrieß)
- zur Bindung von **Saucen, Panaden, Suppen**
- für **Pfannkuchen** → *Seite 197*

FAZIT

Weißmehl sollte kein Hauptbestandteil unseres Speiseplans sein, aber in Bio-Qualität und in Maßen kann man damit tolle Dinge anstellen. Zudem öfters mal zu Vollkornmehl greifen, mischen, variieren und mit verschiedenen Mehlsorten experimentieren. Die Abwechslung macht's!

Milchprodukte

Bereits vor 8000 Jahren begannen die Menschen Rinder zu domestizieren. Vor allem in Gegenden in denen pflanzliche Lebensmittel im Winter knapp waren, sorgten Fleisch- und Milchprodukte dafür, karge Zeiten zu überstehen. Man kann also sagen, dass Milchwirtschaft eine lange Tradition hat, die Menge der konsumierten Produkte im Zuge der Industrialisierung diese Wirtschaft geradezu explodiert ist. Zum Nachteil für alle Beteiligten.

KONSUM

Im Jahr 1860 verspeiste man hierzulande 6 Liter Milchprodukte im Jahr. 1910 waren es dann bereits 42 Liter, im Jahr 2000 satte 241 Liter. Die Tendenz ist nach wie vor steigend.

TIERHALTUNG

Der schöne Traum von der glücklichen Kuh auf der Weide, die fröhlich ein bisschen Milch gibt, ist wohl die größte Frechheit, die sich die Werbung ausgedacht hat, leider funktioniert er immer noch.
Auch ich wurde damit sozialisiert und glaubte lange daran konventionelle Milchhaltung ginge voll okay. In Deutschland gibt es 4,2 Millionen Milchkühe. Nur 3,6 % davon sind Bio-Milchkühe. Im Jahr 1850 gab eine Milchkuh täglich etwa 5 Liter Milch, heute sind es bis zu 50 Liter, also das Zehnfache. Die Körper der Tiere werden so systematisch benutzt, dass sie bereits nach 5 Jahren Dauerschwangerschaft ausgelaugt und krank sind und geschlachtet werden. Die meisten Kühe sehen nie eine Weide, sie verbringen ihr Leben in einer Box, die nur Stehen und Liegen erlaubt. Die normale Lebenserwartung einer Kuh beträgt mehr als 20 Jahre.

NOTIZ

Für alle Rezepte in diesem Buch, die pflanzliche Milch, Öl oder pflanzlichen Joghurt anführen, können natürlich auch Kuhmilch, Butter und Joghurt verwendet werden.

GESUNDHEIT

Etwa 75 % der Weltbevölkerung ist laktoseintolerant, ein Großteil davon lebt aber in Asien und Afrika. Im deutschsprachigen Raum sind es nach wissenschaftlichen Zahlen etwa 15 %.

Dies bedeutet aber im Umkehrschluss nicht, dass alle Europäer*Innen so viel Milchprodukte essen können, wie sie wollen, ohne irgendwelche gesundheitlichen Folgen zu spüren. Viele Menschen stellen erst fest wie schlecht sie die Kuhmilch im Kaffee vertragen wenn sie sie mal weglassen. Adieu Blähbauch, ich habe ihn jahrelang ignoriert.
Der hohe Anteil an Cholesterin, Wachstumshormonen und gesättigten Fettsäuren in Milchprodukten – bei Vollfettkäse bis zu 70 % – wird immer häufiger mit schwerwiegenden Erkrankungen wie Brustkrebs, Prostatakrebs, Eierstockkrebs, Multiple Sklerose und Osteoporose zusammengebracht. Auch wenn man lange glaubte, Milch wäre besonders wertvoll für unsere Knochen, bestätigt sich mittlerweile genau das Gegenteil: Länder, die den höchsten Milchverbrauch haben, haben auch die höchste Anzahl an Knochenbrüchen. Experten raten immer häufiger zur Kalzium-Aufnahme durch pflanzliche Kost.

CASEIN

Warum viele Menschen sagen, sie könnten auf Käse nicht verzichten? Weil es stimmt: Käse macht süchtig. Er enthält den Stoff Casein, der in Käse 10-Mal höher konzentriert ist als in der Milch. Casein wird bei der Verdauung zu Casomorphin aufgespalten, das im Gehirn an den selben Rezeptoren andockt wie Heroin. Was der Natur dazu dient Kälbchen zum Muttermilch trinken zu bewegen, steigert unseren Käsehunger ins Unermessliche. Gepaart mit hohem Fett- und Salzgehalt wirkt er somit unwiderstehlich. Wir sind auch einfach nicht an Casein gewöhnt, zum Vergleich: Menschliche Muttermilch enthält 2,7 g pro Liter, Kuhmilch 26 g pro Liter.

ZAHLEN

In der konventionellen Landwirtschaft bekommt ein Milchbetrieb 0,27 € für einen Liter Kuhmilch. 0,40 € wären mindestens notwenig, damit die Produktion überhaupt kostendeckend ist. Weltweit ist die EU der größte Milchproduzent, und innerhalb der EU führt Deutschland die Produktionsrangliste an. Ohne EU-Subventionen und Finanzpakete könnten die meisten Betriebe nicht überleben, bis zu 40 % ihres Einkommens stammen aus diesen Töpfen. Die Zahl der Milchkühe pro Betrieb hat sich zwischen 2003 und 2013 um die Hälfte erhöht, während die Anzahl der Betriebe insgesamt um ein Drittel geschrumpft ist. Kleine Betriebe schließen, Massentierhaltung wächst weiterhin.

MILCH

Es gibt verschiedene Methoden Milch haltbar zu machen. Jede Milch, die wir im Supermarktregal finden, wurde auf irgendeine Art haltbar gemacht. Pasteurisierte Milch ist aus dem Kühlregal, ultrahocherhitze Milch jene, die auch bei Zimmertemperatur geschlossen monatelang hält.
Beide halten offen im Kühlschrank etwa 3–4 Tage frisch. Was aber nicht heißt, dass man sie danach wegschütten muss. Unsere Urgroßmütter stellten aus saurer Milch ihren eigenen Hüttenkäse her, kochten sie kurz auf und verwendeten sie für Pfannkuchen-, Waffel- oder Kuchenteig oder putzten ihr Tafelsilber damit.

JOGHURT / QUARK

Immer dran denken: Das Mindesthaltbarkeitsdatum ist kein Verfallsdatum. Es garantiert lediglich die Qualitätsstandards wie Farbe, volles Aroma, Konsistenz.
Eine deutsche Familie hat vor Kurzem im Selbstversuch mit wissenschaftlicher Überwachung einen 14 Monate alten Joghurt gegessen. Er schmeckte hervorragend. Wichtig hier: Intakte Verpackung, durchgehende Kühlung, keine Schimmelbildung. Riechen, schmecken, läuft. Joghurt/Quark kann man außerdem sehr gut einfrieren, entweder gemischt mit Früchten, →|

als Eis → *Seite 155* oder pur. Sollte er nach dem Auftauen die Konsistenz etwas verändern, kann man ihn immer noch wunderbar für Käsekuchen, Süßspeisen, Dips und Dressings verwenden.

BUTTER

Nicht angebrochene Butter hält locker 6 Monate länger als das Mindesthaltbarkeitsdatum. Wer Butter aufs Brot will, aber nicht viel verbraucht, kann die Hälfte der Packung problemlos einfrieren. An der Oberfläche leicht ranzige Butter kann noch verwendet werden, indem man die äußere Schicht einfach mit einem sauberen Messer dünn entfernt. Größere Mengen lassen sich noch zu Butterschmalz (Ghee) verarbeiten, Anleitungen dafür findet man online.

KÄSE

Das größte Haltbarkeitsthema bei Käse: Schimmel. Hier gilt es klar zu unterscheiden, um welchen Schimmel es sich handelt. Erwünschte Rot-, Blau- oder Weißschimmel-Kulturen auf Weich- und Hartkäse breiten sich gerne auf dem Käse selbst (Schnittfläche bei Weichkäse) oder seinen Kühlschrank-Nachbarn aus, dies ist völlig unbedenklich und sie können mitgegessen / abgekratzt werden.
Bei Hartkäsen wie Emmentaler, Bergkäse oder Parmesan kann Schimmelbildung großzügig weggeschnitten werden, da sie sich in diesen Käsesorten nicht so leicht ausbreiten, können die Reste gegessen werden. Frischkäse, Weichkäse und Scheibenkäse mit Schimmelbefall entsorgen. Sehr reife Käse ohne Schimmelbefall können für Saucen und zum Überbacken genutzt werden. Käse lässt sich auch einfrieren.

MILCHPULVER

Als ich angefangen habe meine Ernährung von vegetarisch zu vegan umzustellen, fiel mir erst auf, wie viele Lebensmittel Milchpulver enthalten. Schokoladentafeln, Schokoriegel, Schoko-Aufstriche, Kekse. Gerade erst kam heraus, dass der bekannteste Schokocreme-Hersteller den Milchpulver-Anteil in der Rezeptur erhöht und dafür den Kakaoanteil gesenkt hat. Wahrscheinlich aus Kostengründen. Denn auch wenn Kakao teurer sein sollte → *Seite 120*, ist Milchpulver einfach unschlagbar billig und wird somit gerne als „Füllstoff" verwendet. Dabei vergisst man leicht, dass die Ursache hierfür Überproduktion lautet und die Herstellung dieses Überschussprodukts zudem mit einem hohen Energieaufwand verbunden ist. Eine sehr fragwürdige Zutat.

FAZIT

Wir müssen das Maß mit dem wir tierische Produkte konsumieren dringend überdenken.
Es gibt einfach viele Faktoren, die alarmierend dagegen sprechen: Umweltschutz, fragwürdige Wirtschaftssysteme, die Menschen und Tiere ausbeuten und unsere eigene Gesundheit. Wer nicht auf Milchprodukte verzichten möchte, sollte zumindest mal die Wirkung auf die eigene Gesundheit testen und versuchen, in einzelnen Bereichen auf pflanzliche Alternativen oder Rezepte / Gerichte zurückzugreifen, die ohne Milchprodukte auskommen. Und sich ab und zu bewusst etwas zu kaufen, es dann aber auch aufzubrauchen.
Wenn Milch, dann aus regionalen Bio-Betrieben mit transparenter Produktion (Gläserne Molkerei), die ein Mindestmaß an Tierhaltungsstandards einhalten und den Bauern ein vernünftiges Einkommen bescheren. Der Gesundheit von Mensch, Tier und Natur zuliebe.

Nüsse & Samen

Samen und Nüsse sind bereits seit der Steinzeit ein wichtiger Bestandteil menschlicher Ernährung und auch heute noch sind sich Experten einig, dass sie zu den gesündesten Lebensmitteln gehören. Ich unterscheide hier nicht zwischen botanisch echten (Maronen) und unechten Nüssen (Cashewkerne), sondern orientiere mich an den Früchtchen, die ernährungsphysiologisch in dieses Töpfchen passen.

Die Vielfalt und spezifische Wirkungsweise würde diese Doppelseite sprengen, weshalb ich die regionalen und beliebtesten Vertreter ausgewählt habe und ihre Vorzüge und Verwendung stichpunktartig wiedergebe.

- **Hanfsamen:** geschält oder im Ganzen, hoher Vitamin- und Mineralstoffgehalt, stärken das Immunsystem
- **Leinsamen:** im Ganzen oder geschrotet, fördern die Verdauung, helfen bei Gastritis, als Eiersatz in der veganen Küche einsetzbar
- **Kürbiskerne:** mineralstoffreich, helfen bei Blasen- und Prostataleiden
- **Sonnenblumenkerne:** reich an Vitaminen und Kalzium, gut für die Knochen
- **Mandeln:** viel Folsäure, schützen vor Diabetes und Herz-Kreislauf-Erkrankungen, besonders gut in der Schwangerschaft
- **Haselnüsse:** gut für die Verdauung und die Konzentration: Nervennahrung
- **Walnüsse:** stärken das Herz, Krebsprophylaxe, verbesserte Konzentration
- **Kokosnüsse:** reich an Ballast- und Mineralstoffen
- **Cashewkerne:** reich an Magnesium, Protein und Vitaminen, soll stimmungsaufhellend und schlaffördernd wirken
- **Sesam:** reich an Eisen, Kalzium, Magnesium, gut für Knochen, Herz und Immunsystem

MILCH

Aus vielen Nüssen / Samen kann man pflanzliche Milch gewinnen. Mandel und Kokos sind wohl die gängigsten Varianten, aber auch Hanf-, Cashew- und Haselnussmilch sind lecker, gesund und einfach selbst herzustellen. In Deutschland müssen Produzenten diese Milch

„Drink" nennen, wegen angeblicher Verwechslungsgefahr mit Kuhmilch. Für mich reiner Lobbyismus der Molkereiindustrie und totaler Quatsch. Ich sage (und schreibe) seit jeher pflanzliche Milch. Auch in diesem Buch: Grundrezept → *Seite 225*.

ÖL UND MUS

Neben Milch und ganzer Früchte sind Nuss- & Samen-Öle und -Mus tolle Nährstoffquellen, die Salate und Hauptspeisen verfeinern, Saucen cremige Konsistenzen geben und dem Porridge das gewisse Etwas. In den letzten Jahren wurde in vielen veganen Kochbüchern regelrecht mit Mandelmus „um sich geschmissen", meist reichen jedoch schon ganz geringe Mengen, um eine Mahlzeit zu verfeinern. Das ist dann auch ökonomischer.
Die zumeist kalt gepressten Öle sollten nicht zu stark erhitzt, sondern eher am Ende zum Gericht gegeben werde. Ich rate sie in kleinen Flaschen zu kaufen, im Kühlschrank zu lagern und innerhalb weniger Monate aufzubrauchen, da sie schnell ranzig werden.

ANBAU- & UMWELTPROBLEME

Da sich große Teile der weltweiten Anbaugebiete geografisch stark konzentrieren, sind sie enorm anfällig für klimabedingte Ausfälle: 76 % der weltweit verarbeiteten Haselnüsse werden in der Türkei angebaut, hier sorgte ein Kälteeinbruch 2014 für 50 % Ernteausfall, was sich unmittelbar auf die Preise von Endprodukten wie Nussschokolade auswirkte und zu Engpässen in deutschen Ladenregalen führte.
Die meisten Mandeln werden in Kalifornien angebaut, für ein Kilo werden dort 10.000 Liter Wasser verbraucht, was zu Wasserknappheit und drastischer Senkung des Grundwasserspiegels führt. Auch in südeuropäischen Anbaugebieten verbraucht der Anbau enorme Wassermengen. Die Intensität des Anbaus sorgt für ganz erhebliche Umweltbelastungen in diesen Gebieten.

ZERO WASTE PROBLEM

Viele Nüsse / Samen legen für uns eine lange Reise zurück. Trotzdem verfügen z. B. Cashewkerne immer noch über eine bessere Ökobilanz als Kuhmilch, wie mir ein Hersteller pflanzlicher Käseprodukte vor Kurzem verriet (mehr zu Milch → *Seite 102*). Deshalb rate ich den Fokus auf regionale Produkte zu legen (Kürbiskerne, Sonnenblumenkerne, Leinsamen) und auf europäische Herkunft zu achten (Haselnüsse, Mandeln, Walnüsse).

VERWERTUNG

- als Zugabe / Topping für **Müsli, Porridge, Salate, Brotteig, Kuchen, Crumble** → *Seite 150*, **Kekse** → *Seite 153*, **Pasta** → *Seite 209*
- für cremige **Saucen** → *Seite 188*, **Dressings, Suppen, Dips, Aufstriche** → *Seite 177*
- für pflanzliche **Milch** (und Trester), z. B. als Basis für **Pudding** → *Seite 225* und **Pasta-Füllung** → *Seite 209*

FAZIT

Nüsse und Samen sind ein wichtiger Bestandteil ausgewogener Ernährung. Menge und Herkunft machen den Unterschied.
Nüsse in Maßen, ab und zu exotischere und lieber öfter regionale Produkte, am besten unverpackt oder in ihrer natürlichen Verpackung – der Schale – kaufen.

Paprika

Die Früchte der Paprikapflanze werden als Gemüse und Gewürz verwendet. Auch Chili, Peperoni und Pfefferoni zählen dazu. Fast alle Arten enthalten in unterschiedlich starker Konzentration den Schärfestoff Capsaicin.

CAPSAICIN

Capsaicin erzeugt bei Säugetieren einen Schärfereiz, ein Abwehrmechanismus der Natur gegen Fressfeinde. Vögel dagegen reagieren unempfindlich darauf, sprich sie fressen Paprika, scheiden die Samen unverdaut aus und sorgen so für Verbreitung wilder Sorten, oft über große Gebiete hinweg.

SAISON

Heimische Paprika sind von Juli bis Oktober erhältlich. Europäische Importware kommt ganzjährig aus den Niederlanden und Spanien.

RÖSTAROMEN

Am aromatischsten schmeckt Paprika, wenn sie im Ofen, auf dem Grill oder in der Pfanne geröstet wird. Dazu vor der Weiterverarbeitung halbieren, Kerngehäuse entfernen, waschen und in Stücke schneiden. Dies hat auch den Vorteil, dass sich die angebrannte Schale vor dem Verzehr ganz leicht abziehen lässt.
Viele Menschen können die Schale nur schwer verdauen. Zurück bleibt das samtige, aromatische Fruchtfleisch, das sich vielfältig verwenden lässt.

GESCHICHTE

Im 16. Jahrhundert gelangte die Paprika durch die Osmanen nach Ungarn, damals wurde sie jedoch nur zur Zierde angepflanzt, bis vor allem ärmere Menschen begannen, sie als Pfefferersatz zu nutzen, da Pfeffer unerschwinglich teuer war. Als massentaugliches Gewürz setzte sie sich erst im 18. Jahrhundert durch.

ALLE FARBEN

Die meisten Paprika ändern ihre Farbe von Grün nach Rot, Gelb oder Orange, je nach Reifegrad. Das heißt also, dass grüne Paprika noch unreif aber essbar sind und etwas herber im Geschmack.

Eine Gemüsepaprika verdankt ihr Aussehen den Carotinoiden. Diese Pigmente färben nicht nur Karotten, sondern auch Mais und Chilischoten. Zunächst werden sie durch das Chlorophyll überlagert, das im Laufe der Reifung abgebaut wird. Blassgelbe und weiße Paprika haben kaum Carotinoide. Grüne Paprika sind meist billiger, da sie früher geerntet werden. So wachsen schneller neue nach und ihr Ertrag ist somit höher.

PULVER

Paprikapulver als Gewürz ist in vielen süd- und mittelamerikanischen Ländern sowie Ungarn, Rumänien, Bulgarien und Spanien von elementarer Bedeutung. Je nach Frucht variiert der Schärfegrade stark.

Zur Intensivierung von Geschmack und Farbe benötigt Paprika als Geschmacksträger Fett, sollte daher vorsichtig mit angedünstet werden. Bei zu viel Hitze wird es allerdings bitter. Mit scharfen Pulvern ernst am Ende der Kochzeit abschmecken und bei milderen Pulvern ruhig großzügig agieren, denn es würzt nicht nur, es bindet auch.

VERWERTUNG

Paprika:

- roh pur als Snack oder in Salaten
- gegrillt: als **Antipasti**, als Zugabe zu Salaten und Getreidegerichten, auf Pizza, Couscous, z. B. Hirsesalat → *Seite 174*
- gegrillt, geschält und mariniert als raffinierte vegane **Sushi-Variante**
- püriert als **Suppe / Aufstrich / Hummus / cremige Nudelsauce / im Risotto**
- langsam gekocht (z. B. **Ratatouille, Letscho**)
- gefüllt: optimal zur Resteverwertung, z. B. mit Reis → *Seite 206*

Peperoni:

- zum **Würzen** von Suppen, Eintöpfen, Aufstrichen, Salaten
- als **Pizzabelag** und zur Füllung von Fladenbroten, Wraps, Tacos
- milde Sorte pur gegrillt zum Naschen

Paprikapulver:

- für pikante **Aufstriche** wie den Blumenkohl Cheeze → *Seite 159*
- als **Würze**, z. B. für selbst gemachte Ofen-Pommes → *Seite 166*
- in **Eintöpfen / Gulasch / Chili sin / con Carne**
- für **Marinaden / Dressings** / (vegane) **Bratensaucen**
- gut kombinierbar mit Knoblauch, Kümmel, Muskatnuss, Petersilie, Schnittlauch, Zimt, Oregano, Kreuzkümmel, Estragon

FAZIT

Während der heimischen Saison kräftig zuschlagen, Importware lieber selten. Auf verarbeitete Produkte wie Pulver, Mark und getrocknetes / eingelegtes Gemüse zurückgreifen.

Reis

Neben Weizen, Mais und Zuckerrohr gehört Reis zu den am häufigsten angebauten Lebensmitteln weltweit. Das Korn und die daraus gewonnenen Produkte spielen vor allem in Asien eine elementare Rolle in der Ernährung. Zum Vergleich: Dort werden im Schnitt 150 kg pro Kopf verspeist, hierzulande sind es gerade mal 3 kg.

SORTEN

Grob wird zwischen Langkornreis und Rundkornreis unterschieden, doch gibt es weltweit mehr als 120.000 Reissorten, die sich für mannigfache Einsatzmöglichkeiten eignen. Dies sind die bei uns Geläufigsten:

- **Arborioreis:** In Italien verbreitet, mit ovalem Korn, vorzugsweise in Risotto verwendet.
- **Basmatireis:** aromatischer, langkörniger Reis der orientalischen und indischen Küche
- **Jasminreis:** leicht klebriger Duftreis mit blumigem Aroma
- **Sushireis:** Mittelkornreis mit hohem Stärkegehalt, der ihn besonders klebrig macht
- **Milchreis:** Rundkornreis, durch Schleifen und Polieren von Naturreis gewonnen.
- **Roter Naturreis:** Kreuzung aus wildem und Kulturreis, die die Färbung durch den tonhaltigen Boden erhält, auf dem sie wächst
- **Schwarzer Reis:** Aus Asien stammender Vollkornreis, der besonders nährstoffreich ist und einen nussigen Geschmack hat.
- **Grüner Reis:** Unreif geernteter, getrockneter weicher Reis, der nur angebraten oder kurz gedämpft werden muss.
- **Parboiled Reis:** mit Dampf und Druck vorbehandelt, dadurch in halber Kochzeit gar
- **Wildreis:** Eine auch Wasserreis genannte Süßgrasart aus Kanada, die zwar ähnlich aussieht und verwendet wird, aber kein echter Reis ist.

Viele dieser Sorten sind auch als ungeschälter Vollkornreis erhältlich, wie bei allen Getreiden sind diese noch nähr- und ballaststoffreicher.

ARSEN

Eine Untersuchung der Zeitschrift „Öko-Test" sorgte 2017 für Aufregung. Dort wurden erhöhte Werte des Stoffes Arsen, vor allem in Vollkornreis und Reiswaffeln festgestellt. Grundsätzlich kommt Arsen überall in unserer Umwelt vor, minimale Mengen aufzunehmen lässt sich nicht verhindern. Vor allem bei Kleinkind-Ernährung ist es jedoch wichtig, dass Grenzwerte nicht überschritten werden. Alle Bio-Anbieter überwachen den Arsengehalt regelmäßig und beziehen nicht aus zu stark belasteten Gebieten. Deshalb gilt auch hier: Bio bevorzugt.

SPRACHE

Die große Bedeutung von Reis spiegelt sich auch im Sprachgebrauch asiatischer Länder wider. Das Wort Reis „gin kao" bedeutet in Thailand gleichzeitig Essen / Mahlzeit. Genauso das japanische Wort „gohan".
Da Reis Bestandteil jeder vollwertigen Mahlzeit ist, bezeichnen Chinesen und Japaner Frühstück als „Morgen-Reis", Mittagessen als „Mittag-Reis" und Abendessen als „Abend-Reis". Zu Neujahr wünscht man sich in China „Möge dein Reis nie anbrennen!". In Thailand und Bangladesch mit den Worten „Haben Sie heute schon Reis gegessen?".

ZUBEREITUNG

Es gibt ungefähr genauso viele Zubereitungsmethoden für Reis wie Länder, die diesen auf dem Speiseplan haben. Eine ultimative zu nennen fällt schwer, da jeder Reis anders reagiert und verwendet wird. Ich persönlich habe mir irgendwann einen Reiskocher angeschafft, der kocht den Reis perfekt ohne mein Zutun und dämpft gleichzeitig nach Bedarf noch Gemüse mit.

ZERO WASTE PROBLEM

Reis aus asiatischen Anbaugebieten hat eine lange Reise hinter sich, lieber Reissorten aus Italien, Portugal, Spanien und Frankreich kaufen. Der Wasserverbrauch beim Reisanbau ist im Vergleich zu anderen Getreidearten extrem hoch. Durch die gefluteten Reisfelder entsteht Methangas, das zum Klimawandel beiträgt.

VERWERTUNG

süß:

- **Milchreis, Reisauflauf, Reispudding**

herzhaft:

- als Beilage, verfeinert mit fein geschnittenen Trockenfrüchten, Gewürzen, Kräutern
- als **Risotto** oder herzhafter **Reisbrei** (ayurvedisches Kitchari)
- als **Suppen- und Eintopfeinlage**, besonders gut mit Tomatensuppe, Kokosmilch oder einer kräftigen Gemüsebrühe
- knusprig gebratener Reis vom Vortag mit Gemüse, Tofu oder Tempeh, mit Salat dazu eine vollwertige Mahlzeit, auch als Bällchen oder Bratlinge
- als Füllung für **Sushi, Reispapierrollen** (Reis im Reis!) oder für allerlei Gemüse wie Paprika mit cremigem Zitronenreis → *Seite 206*

FAZIT

Für uns ist es nicht nachhaltig Reis in rauen Mengen zu essen, da er aufgrund verschiedener Faktoren eine schlechte Ökobilanz hat. Ab und zu sollten wir ihn ruhig bewusst genießen, ihn bevorzugt aus Europa beziehen und sonst auf regionale Getreide wie Dinkel, Gerste, Buchweizen, Grünkern und Hirse zurückgreifen.

Rettiche

Lange fand man, hauptsächlich auf süddeutschen Biergartentischen, Radieschen und Weißen Rettich (Radi). Doch in den letzten Jahren haben Rettiche zu Recht in ganz Deutschland an Popularität gewonnen, denn sie sind nicht nur lecker, sondern wachsen auch regional und sind wahnsinnig gesund.

GESUNDHEIT

Ein ganzer Rettich kann nicht nur den Tagesbedarf eines Erwachsenen an Vitamin C decken, er enthält auch wertvolle Senföle, die antibiotisch und schleimlösend wirken.
Deshalb wurde er schon vor Jahrhunderten als Medizinpflanze gegen Gicht, Rheuma, Husten und Heiserkeit eingesetzt.
Die Schärfe dieser Öle hat außerdem eine heilsame Wirkung auf Leber, Galle und Verdauung. Der rote Rettich hat besonders viele ätherische Öle und schmeckt deshalb noch schärfer. Alle Rettícharten sind reich an Vitaminen und Nährstoffen. Am meisten Vitalstoffe liefern Freilandexemplare, die unter echtem Sonnenlicht gewachsen sind.

BELASTUNG

Im Jahr 2015 zählte das Bundesamt für Verbraucherschutz konventionell angebaute Radieschen zu den Erzeugnissen mit den höchsten Pestizid-Belastungen. Einige der Proben überschritten sogar die zulässigen Höchstwerte. Neben Herbiziden spielen hier auch Nitrate eine Rolle. Sie kommen zwar natürlich in Böden vor und werden von den Pflanzen als Nährstoffe verwertet, doch konventionelle Böden sind oft so überdüngt, dass sie einen extrem hohen Nitratgehalt aufweisen. Besonders bei Kindern kann dies zu gesundheitlichen Auswirkungen führen und in großem Maß konsumiert krebserregend wirken. Deshalb bitte bio und regional kaufen.

SAISON

Von Mai bis Oktober werden heimische Rettiche geerntet. Im November und Dezember gibt es sie noch als regionale Lagerware, während des Winters nur aus dem Gewächshaus.

BLÄTTER

Alle Rettichblätter sind essbar und noch dazu vollgepackt mit Vitalstoffen. Wer Rettich fermentiert oder einweckt, kann die Blätter mit verwenden. Meist bekommt man aber einen richtig vollen, frischen Strauß Grünzeug nur zusammen mit Radieschen.
Sie haben einen würzigen Eigengeschmack und lassen sich zu Pesto / Dips und in Aufstrichen / Dressings verwenden. Einfach mal reinbeißen und probieren, allerdings nur wenn es sich um unbehandeltes Bio-Gemüse handelt und die Blätter noch frisch und nicht faulig sind. Zero Waste bedeutet nicht verarbeiten um jeden Preis.

LAGERUNG

Rettich und Radieschen halten sich, wenn man sie frisch kauft, etwa 10 Tage im Gemüsefach des Kühlschranks. Wie bei Kohlrabi / Bete gilt auch hier: Das Gemüse ist länger haltbar, wenn die Blätter entfernt (und separat gelagert) werden. Beides in ein frisches feuchtes Küchentuch wickeln verlängert die Knackigkeit.
Sollten die Radieschen schon vor dem Entfernen der Blätter einen schlaffen Eindruck machen, legt man sie eine halbe Stunde mit der Blattseite in kaltes Wasser, so tanken sie wieder Feuchtigkeit.

ANBAU

Die meisten deutschen Rettiche werden in Bayern, Baden-Württemberg und Rheinland-Pfalz angepflanzt. Wobei sich der Anbau in der rheinland-pfälzischen Region Schifferstadt enorm konzentriert: 85 % der deutschen Radieschen stammen von hier und mindestens 50 % der Rettiche. Diesem „weißem Gold" widmet sich dort sogar ein jährliches mehrtägiges Rettichfest.

VERWERTUNG

Ähnlich wie Kohlrabi und Gurke bestehen Rettiche zu über 90 % aus Wasser, wenn man die Rettiche mit Tricks wie feuchtem Küchentuch / Blätter wässern nicht mehr knackig bekommt, gibt es aber immer noch viele Wege sie zu verwerten:

- milchsauer **Fermentieren** → *Seite 28*
- sauer **Einlegen** → *Seite 215*
- im Ofen gebacken (gemischt mit anderem Gemüse) geben vor allem Radieschen durch ihren wässrigen Biss eine spannende Abwechslung auf dem Teller
- fein gehobelt, eingesalzen, wässern lassen, ausdrücken und nach Belieben noch mit Essig-Öl marinieren. Bei dieser klassischen Radi-Zubereitung werden zwar durch das Salzen die Senföle entzogen, das Ergebnis ist aber geschmacklich milder und somit für empfindliche Esser verträglicher
- als **Salat**, auch mal exotisch kombiniert, z. B. mit (Wasser)Melone
- frisch oder eingelegt als knackig-saure Beigabe zu **Sandwiches, Bowls, Salaten** oder Hauptmahlzeiten wie **Risibisi** → *Seite 216*

FAZIT

Frische Rettiche sollten noch viel mehr Verbreitung auf unseren Tellern finden und während der Wintermonate fermentiert oder eingelegt genossen werden. Denn sauer macht lustig und scharf macht noch lustiger!

Salate

Wenn ich hier von Salaten spreche, geht es um Blattsalate. Natürlich sind Salate auch Gerichte, die aus allen möglichen rohen und gekochten Komponenten zubereitet werden. Man denke nur an Kartoffel- oder Nudelsalate oder den mir – zu Recht – sehr suspekt erscheinenden Wurstsalat. Hier geht's um frisches, knackiges Grünzeug, das meistens – aber nicht immer – roh verzehrt wird.

Grob kann man zwischen Kopfsalaten und Schnittsalaten unterscheiden. Wie der Name schon sagt wächst Kopfsalat, ähnlich wie Kohl, in festen (Eisbergsalat) oder lockeren (Kopfsalat) „Köpfen“.

Bei Schnitt- (oder Pflück)Salaten werden die Blätter einzeln abgeerntet. Wobei manche Salate „Kopf“-ähnlich zusammen wachsen (Lollo Rosso, Eichblatt), andere einzeln (Feldsalat, Rucola).

SAISON

Von Mai bis Oktober wächst eine Vielfalt frischer regionaler Salate. Im November und Dezember gibt es noch Endiviensalat und danach, während der Wintermonate die gegen Kälte unempfindlichen Sorten Feldsalat, Portulak und Chicorée. Die gängigsten Blattsalate sind auch im Saisonkalender →*Seite 18/19* berücksichtigt. Natürlich gibt es auch den Rest des Jahres Importware, aber Salat schmeckt am besten wenn er nicht weit gereist ist. Salate aus dem Gewächshaus sind oft weicher und geschmacksärmer.

QUALITÄT

Frischer Bio-Salat riecht richtig intensiv und grün. Wie grün riecht? Wenn ihr einen Guten in der Hand habt, werdet ihr wissen, was ich meine!

ZERO WASTE PROBLEM

In vielen konventionellen Supermärkten gibt es Salate fast ausschließlich in Plastik verpackt. Sowohl ganze Köpfe als auch vorgewaschene, teils vorgeschnittene Pflücksalate. Auf die Ursachen hierfür gehe ich im ersten Teil meines Buches ein. Beim Einkauf auf dem Markt und im Biohandel lässt sich dieser Müll durch unverpackte Ware vermeiden.

LAGERUNG

Kopfsalate halten je nach Sorte im Gemüsefach des Kühlschranks 1–2 Wochen frisch. Ein feuchtes Küchentuch kann unterstützend wirken. Ich empfehle bei Kopfsalaten immer einzelne Blätter abzuzupfen, da Schnittflächen wesentlich schneller austrocknen oder zu schimmeln anfangen.

Loser Schnittsalat hält in einer luftdichten Dose 3–5 Tage frisch. Bereits gewaschener (und geschnittener) Salat kann, je nach Sorte ebenfalls in einer Dose 3–5 Tage gelagert werden. Bei manchen Salaten färben sich die Schnittstellen schnell bräunlich (Eisbergsalat, Chicorée), manche halten selbst geschnitten tagelang die Form (Endiviensalat, Römersalat).

WARMER SALAT

Dass Salat nur kalt gegessen werden sollte, halte ich für Quatsch. Manche Sorten eignen sich hervorragend zum warmen Verzehr. Radicchio und Rucola sind uns aus der italienischen Küche bereits als Pizzabelag und Pasta-Beigabe bekannt, doch wieso nicht auch öfters mal Endivien-, Römer- oder Zuckerhutsalat in die Pfanne schmeißen.

Gerade wenn Salate schon leicht müde (aber noch nicht welk und trocken) sind, lassen sie sich ähnlich wie grüne Blattgemüse (Spinat, Mangold →*Seite 44*) verarbeiten. Am besten nur kurz anbraten / dünsten oder kurz vor Ende der Kochzeit einem Gericht beigeben.

Es ist reine Gewohnheitssache, dass wir manche Blätter nur mit frisch-knackig assoziieren, andere cremig-weich vollkommen akzeptabel, ja sogar lecker finden.

VERWERTUNG

- frisch als Salat, pur oder mit saisonalen Highlights wie Tomaten, Radieschen, Gurke, Paprika, gebratenen Pilzen oder herzhaftem Tofu-Feta →*Seite 186*
- auf **Sandwiches** / belegten **Brötchen**
- als Basis für gesunde **Wraps** (Meal Prep →*Seite 149*)
- als **Bratsalat** →*Seite 212*
- als Basis für eine cremige **Suppe**, gebunden mit Kartoffeln

FAZIT

Irgendein grüner Salat wächst immer. In den etwas kargen Wintermonaten kann man auch gut auf Rohkostsalate aus Möhre, Kohl, Apfel und Wurzelgemüse zurückgreifen.

Am besten schmecken Salate saisonal aus Freilandanbau so frisch wie möglich geerntet.

Saucen & Senf

Sie sind geradezu die Klassiker der herumlungernden Reste: Angebrauchte Senfgläser und Saucenflaschen. Zur Grillsaison gekauft, später vergessen, irgendwann weggeworfen. Das muss nicht sein. Wo man diese schnellen Lecker-Helfer überall einsetzen kann, wie lange sie wirklich halten und welche man leicht selbst machen kann, verrate ich hier.

BBQ-Sauce

Diese aus den USA stammende Grillsauce ist mittlerweile auch bei uns sehr beliebt und obwohl sie hauptsächlich zum Marinieren von Fleisch erfunden wurde, dient sie auch hervorragend zur herzhaften Verfeinerung pflanzlicher Grill-Varianten UND ist leicht selbst zu machen:

ZUBEREITUNG

- 1 Zwiebel und 1 Knoblauchzehe, geschält und fein gewürfelt in 2 EL Bratöl anschwitzen, runterschalten.
- ½ TL geräuchertes Paprikapulver, 1 Messerspitze Chilipulver, 1 Prise Zimt und 2 TL Kakaopulver dazugeben.
- Nach 30 Sekunden mit 4 EL Balsamico-Essig ablöschen.
- Nach 2 Minuten 200 g Tomatenmark, 400 ml Ketchup und 200 ml Wasser dazu.
- 20 Minuten köcheln und mit Salz, Pfeffer und Liquid Smoke Aroma abschmecken. Liquid Smoke gibt es in veganen Supermärkten und online.
- In saubere Flaschen gefüllt, hält die Sauce im Kühlschrank locker einen Monat.

Cocktailsauce

Die hellorange Sauce basiert meist auf einer Mischung aus Ketchup, Senf und Mayonnaise und kann dementsprechend auch einfach selbst angerührt werden.

Ketchup

Unser heutiges Ketchup besteht aus Tomatenmark, Essig, Salz, Gewürzen und vor allem Zucker. Mit dem Ursprung und der verschlungenen Geschichte von Ketchup sind schon ganze Bücher gefüllt worden, seine Vorfahren scheinen aus Südostasien zu stammen und die ersten europäischen Rezepte wurden statt aus Tomaten aus Pilzen, Fisch und Walnüssen gebraut.
Erst Anfang des 19. Jahrhundert tauchte die heutige Rezeptur auf und trat industriell gefertigt ihren Siegeszug um die Welt an. Das wahrscheinlich bekannteste deutsche Ketchup-Rezept: Currywurst. Ketchup lässt sich leicht selbst herstellen:

ZUBEREITUNG

* 1 Apfel und 1 Zwiebel waschen, schälen und fein würfeln.
* In wenig Wasser 5 Minuten weich kochen.
* Zusammen mit 250 g Tomatenmark, etwas Zimt, Cayennepfeffer und Muskatnuss pürieren und mit Salz abschmecken. Hält in einem sauberen Glas im Kühlschrank wochenlang.

Mayonnaise

Die Menschheit teilt sich in Mayonnaisen-Süchtige und die, die überhaupt nichts damit anfangen können. In vielen Esskulturen spielt die fettbasierte glänzende Sauce eine tragende Rolle. Da ich zu den Süchtigen gehöre, wurde ich zeitgleich mit meiner Entscheidung vegan zu leben zur Verfechterin pflanzlicher Mayonnaise. Denn sie schmeckt nicht nur genauso wie die auf Eiern basierende, sondern hat auch noch den Vorteil, dass keine Salmonellen-Gefahr besteht. Überspitzt formuliert kann man sie auch im Sommer mal draußen stehen lassen, ohne dass dies gefährlich werden könnte.
Die meisten veganen Varianten werden auf Soja-Basis hergestellt, doch auch Aquafaba (siehe Kichererbsen → *Seite 84*) eignet sich als eiweißhaltiger Emulgator für die Öl-Emulsion.
Mein über Jahre erprobtes, schnellstes Rezept ist dieses hier:

ZUBEREITUNG

* 50 ml ungesüßte Sojamilch in einen Rührbecher geben, mit einem Pürierstab mixen und anfangs ganz langsam, wenn es zu emulgieren anfängt, etwas schneller, 100 ml geschmacksneutrales Pflanzenöl dazugießen bis die Konsistenz dick wird. Wichtig ist, dass beides Raumtemperatur hat.
* Anschließend erst mit Essig oder Zitronensaft, Salz, Senf und sonstigen Geschmackszutaten abschmecken.
* Hält im Kühlschrank mindestens eine Woche. *Mein Geheim-Tipp:* 1 Prise Zimt!

→|

Senf

Die Basiszutaten für Senf sind Senfkörner, Wasser, Essig und Salz. Die Sorten und deren Schärfegrad richten sich nach der Verwendung unterschiedlicher Senfkörner, deren Menge sowie der Zugabe von weiteren Geschmackszutaten. Die am stärksten verbreiteten Senfsorten sind mittelscharfer, scharfer, süßer Senf sowie Dijon-Senf. Es gibt aber unzählige weitere Varianten und regionale Spezialitäten mit unterschiedlicher Körnung sowie Frucht-, Gewürz- und Kräuterkomponenten.
Bevor Pfeffer und Chili Einzug in unsere Küchen hielten, waren Senf und Meerrettich lange Zeit die einzigen in Europa zur Verfügung stehenden scharfen Gewürze.

HALTBARKEIT

Senf hält ungeöffnet jahrelang. Ketchup und die meisten industriell hergestellten Würzsaucen auch. Erst vor Kurzem erzählte mir eine Freundin von der Ketchup-Flasche, die sie bei ihrer Oma entdeckte, auf der noch ein DM-Preis stand. Wir erinnern uns, der Euro wurde im Jahr 2000 eingeführt, das Ketchup war noch tadellos und genießbar. Das Mindesthaltbarkeitsdatum der Hersteller dient vor allem dazu, die 100 %-ige Qualität von Aroma, Farbe und Konsistenz garantieren zu können. Viele Verbraucher sind irritiert, wenn eines dieser Merkmale auch nur leicht verändert ist und denken sofort sie müssten das Lebensmittel entsorgen.
Senf ist ein gutes Beispiel. Selbst industriell hergestellt, handelt es sich fast immer um ein reines Naturprodukt, das in den seltensten Fällen zugesetzte Konservierungsmittel enthält.
Auch geöffnete Flaschen und Gläser können mindestens ein Jahr lang problemlos verwendet werden, vorausgesetzt es gibt keine Schimmelbildung. Diese wird begünstigt, wenn Schmutz ins Produkt gerät, etwa durch einen dreckigen Löffel, der davor für andere Lebensmittel benutzt wurde, durch Krümel oder durch die Luft, wenn die Flasche lange offen herumstand. In diesem Fall nicht mehr verzehren. Oft merkt man schon, wenn ein Produkt etwas „alt" riecht, im Zweifel eine Mini-Portion probieren. Das ist auf jeden Fall nicht gesundheitsgefährdend.

LAGERUNG

Senf, Ketchup und Saucen am besten immer im Kühlschrank lagern. Theoretisch ist das zwar aufgrund des hohen Essig- und Zuckergehalts nicht notwendig, erhält aber die Aromastoffe.

VERWERTUNG

allgemeine Anregungen für Senf, Ketchup und Saucen:

- auf belegte **Brötchen / Sandwiches**
- pur oder eingerührt in (vegane) **Sour Cream / Joghurt / Tahini** als Dip für Pommes, Gemüsesticks
- im **Salatdressing**
- als **Marinade** für Ofengemüse (Senf, BBQ-Sauce)
- als pikante Geschmackszutat für **Kartoffelpüree** → *Seite 193*
- zum Abschmecken von **Suppen** und **Eintöpfen**
- zum **Glasieren** von (pflanzlichem) Braten, z. B. aus Seitan oder Sellerie

FAZIT

Die meisten gekauften Produkte halten wesentlich länger als es die Hersteller suggerieren. Vertraue auf deinen Hausverstand und / oder mache auch mal ein Sößchen selbst.
Fett ist ein herrlicher Geschmacksträger.

Schokolade

Ähnlich wie bei Kuchen und Keks könnte man argumentieren, dass Schokolade doch nun wirklich kein Wegwerf-Problem hat. Das mag in den meisten Fällen stimmen, allerdings hat Schokolade, bzw. sein primärer Rohstoff, die Kakaobohne, ein Erzeugungsproblem.
Ähnlich wie bei der Banane oder der Kaffeebohne wird das Geschäft damit auf dem Rücken der Erzeuger ausgetragen. Deshalb sollten wir unser liebstes Naschwerk genauer unter die Lupe nehmen.

RAUSCH

Unser heutiges Wort Schokolade geht auf das aztekische Xocolatl zurück, das aus den Worten *Bitter* und *Wasser* besteht. Die Azteken verehrten einen Kakaogott und tranken das ungesüßte Getränk aus Kakaobohnen, Wasser, Chili und Zimt zu religiösen Anlässen. Da es stark konzentriert eine berauschende Wirkung hat, war es gesellschaftlich höhergestellten Männern vorbehalten. Heutzutage dürfen auch Frauen Räusche erleben. 2015 nahm ich an einer geführten Kakaozeremonie mit starkem Trunk teil. Leider hatte ich großen Liebeskummer und konnte mich nur schwer auf den Rausch konzentrieren. Vielleicht ein andermal.

DIMENSIONEN

Jeder Deutsche isst im Durchschnitt 10 kg Schokolade pro Jahr (zur Erinnerung, bei Reis sind es 3 kg). Weltweit verdienen über 14 Millionen Menschen ihren Lebensunterhalt mit Kakaobohnen.
Da einige wenige Konzerne den Schokoladenprodukte-Markt dominieren, haben sie eine Machtposition, mit der sie die Preise für Kakao konstant drücken können. Sie heißen Mars *(Balisto, Bounty, Mars, Milky Way, Snickers, Twix)*, Nestlé *(Kitkat, Lion, Nuts, Smarties, Yes)*, Ferrero *(kinder, Duplo, Hanuta, Nutella)* und Mondelēz *(Milka, Toblerone, Côte d'Or)*.
Für uns Konsumenten bedeutet das niedrige Preise und für Erzeuger und Einzelhandel saftige Gewinne. Für die Erzeuger reicht es oft nicht mal zur Existenzsicherung. Die damit einhergehende Armut in den Anbauländern befördert auch Kinderarbeit.

Nur durch faire Handelsbedingungen lassen sich diese Verhältnisse ändern. Faire Handelsverbände fördern Kooperativen, die die Verhandlungsmacht des Einzelnen steigern, Austausch und Bildung und damit einhergehend auch Qualitäts- und Produktionssteigerung fördern. Die fairen Wirtschaftsmodelle sind für alle Menschen und die Umwelt ganzheitlich nachhaltiger als die systematische Ausbeutung. Zum Glück erfreuen sich Fairtrade-Produkte wachsender Verbreitung, die meisten Bio-Produzenten beziehen ihre Rohstoffe prinzipiell fair. Die geläufigsten Fairtrade-Siegel sind Fairtrade, Gepa und UTZ.
Bei den 400.000 in der deutschen Schokoladenindustrie pro Jahr verarbeiteten Tonnen Kakaobohnen liegt der Marktanteil von Fairtrade-Kakao mittlerweile bei etwa 8 %. Da geht noch mehr, wir als Konsumenten haben die Wahl. Das heißt zwar auch, dass wir mehr für Schokolade ausgeben müssen, vielleicht essen wir dann einfach ein wenig seltener Schokolade und nehmen uns mehr Zeit sie zu genießen.

FUN FACT

Bis ins 19. Jahrhundert wurde Schokolade in Apotheken als „Kräftigungsmittel" verkauft.

REIF

Jeder kennt es: Schokolade, die länger herumlag, ist an der Oberfläche mit einem weißen Belag überzogen. Der sogenannte Fettreif ist absolut harmlos und nicht, wie manche Menschen glauben, ein Schimmelbefall. Er entsteht, wenn in der Schokolade verarbeitete Fette wie Kakaobutter an die Oberfläche wandern und kristallisieren.
Längere Lagerung, Temperaturschwankungen und die Verarbeitung von fetthaltigen Nüssen, Mandeln oder flüssigen Füllungen begünstigen die Reifbildung. Obwohl Schokoladenhersteller dies offen kommunizieren, hält sich der Mythos von der „alten Schokolade" ungebrochen, vor allem im Sommer gibt es unzählige Reklamationen von Konsumenten und Rücksendungen vom Einzelhandel. Deshalb gehen einige Produkte in die Sommerpause. Die Produktionsunterbrechung von Mon Chéri (aus Versehen vegan) münzten gewiefte Hersteller zu Werbezwecken um und erfanden die Piemont-Kirschen-Qualitätsprüferin Claudia Bertani, die in der Sommerpause jede Kirsche einzeln umdreht. Oder so. Denn Piemont-Kirschen sind auch so eine Erfindung. Glaubt bloß der Werbung nicht!
Was übrigens gegen den Reif hilft: Mit einem trockenen Tüchlein abwischen oder bei Kleinigkeiten wie Chocolate Chips einfach mit dem Finger drüberwischen. Haben wir hier beim Foto auch gemacht. Schaut gut aus, oder?

HALTBARKEIT

Schokolade mit hohem Kakaoanteil hält länger als Schokolade mit Cremefüllung oder Vollmilchschokolade. Laut Hersteller hält dunkle Schokolade somit ein Jahr, andere Sorten etwa ein halbes Jahr. Hier gilt mal wieder: Im Zweifelsfall einfach probieren. An etwas zu alter Schokolade ist (meines Wissens) noch niemand gestorben und wenn sie wirklich gar nicht mehr schmeckt, sollte man sich nicht zwingen.

GLÜCKSELIGKEIT

Ja, sie enthält tatsächlich natürliche Aufputschmittel wie Koffein, den Pflanzenstoff Theobromin und auch Bausteine des Glückshormons Serotonin, deshalb berauschten sich die Azteken (und ich) damit auch.
Aber in normaler Schokolade ist der Anteil dieser Stoffe so gering, dass eine Wirkung unwahrscheinlich ist. Vollmilchschokolade besteht nur zu 30 % aus Kakao. Wenn man wirklich „etwas spüren" möchte, muss man schon ziemlich viel 80–90 %ige Bitterschokolade futtern →|

oder wie bei der Kakaozeremonie eine ganze Tasse mit 40 g Kakao trinken, das entspricht übrigens 30–40 ganzen Bohnen.

LAGERUNG

Am wohlsten fühlt sich Schokolade bei 18 °C. Unter 5 °C ist die enthaltene Kakaobutter komplett fest, ab 36 °C verflüssigt sich ihr Zustand.

ZERO WASTE PROBLEM

Konventionelle Schokoladen-Produkte werden oft in aufwendigen Verpackungen aus schwer zu recycelnden Verbundstoffen wie Plastik, Alufolie und Papier angeboten. Viele Bio-Anbieter hingegen benutzen alternativ umweltfreundliche Stoffe wie abbaubare Zellulose.
In Unverpackt-Läden und Schoko-Fachgeschäften gibt es Schokolade verpackungsfrei.

FERMENTATION

Erst durch die Fermentation der Kakaobohnen bekommen sie ihren typischen „schokoladigen" Geschmack. Dazu werden sie in Körbe oder Fässer geschichtet und zwischen 2 und 7 Tagen kontrolliert vergoren. Die Hitzebildung von 45–50 °C spielt bei diesem Prozess eine wichtige Rolle. Dadurch erhalten die ursprünglich weißen Bohnen ihre braune Färbung.

VERWERTUNG

- in Stückchen oder verflüssigt: verbacken in **Kuchen, Keksen, Muffins, Bananenbrot**
- zu köstlichem **Schokoladenpudding** verkocht → *Seite 225*
- zusammen mit Keksresten und Pudding zu einer **Torte** verbaut → *Seite 226*
- ein Stückchen als köstliche **Geheimzutat** für herzhafte Gerichte: Chili sin / con Carne, Gulasch, dunkle Saucen
- als **Mole** (mexikanische Sauce aus Schokolade, Gewürzen, Chili, Nüssen)
- als **Schokoladenfondue** mit frischen Früchten
- **Trinkschokolade**, in Wasser oder (pflanzlicher) Milch aufgelöst
- selbst gemachte **Schoko-Flakes**: Cornflakes oder Granola überziehen
- **Schoko-(Nuss-)Aufstrich**: Schokolade schmelzen und mit Butter / Margarine / Kokosöl und / oder Nussbutter verrühren, herrlich auf Brot oder zu Pfannkuchen → *Seite 197*

FAZIT

Nur aus fair produzierten Kakaobohnen hergestellte Schokolade gewährleistet eine existenzsichernde Bezahlung und Lebensgrundlage für die Produzenten. Wir können das mit unserer Kaufentscheidung unterstützen.

„Wir haben die Strapazen nur überlebt, weil wir genug Schokolade dabei hatten.“

ROALD AMUNDSEN
(DER ERSTE MENSCH AM SÜDPOL)

Seitan Tempeh Tofu

Einer der größten kulinarischen Irrtümer besteht wohl darin, diese Lebensmittel als minderwertigen Fleischersatz abzutun. Sie sind eigenständige Grundnahrungsmittel und haben in ihren Herkunftsländern eine teils Jahrtausende alte Tradition, die mittlerweile auch vom Rest der Welt entdeckt wurden, weil sie vielseitig, lecker und gesund sind.

Seitan

Seitan ist ein stark glutenhaltiges Produkt, das gerne als Fleischersatz zum Einsatz kommt. Der Legende nach wurde es von vegetarisch lebenden Zen-Mönchen als Fleischersatz entwickelt.
Bei der Herstellung wird die Stärke von Weizenmehl entzogen und es bleibt eine feste Masse, die bei weiterer Zubereitung eine fleischähnliche Konsistenz erhält. Mit 25–30 g Protein auf 100 g ist Seitan der absolute Spitzenreiter aus dieser Riege der pflanzlichen Eiweißlieferanten.

LAGERUNG & HALTBARKEIT

Sowohl geöffnetes, fertig gekauftes als auch selbst zubereitetes ungebratenes Seitan hält im Sud aufbewahrt im Kühlschrank etwa eine Woche frisch.

VARIANTEN

Seitan gibt es nicht nur als eingeschweißtes Fertigprodukt und eingelegt im Glas, sondern auch als Pulver zum selbst fertigstellen. Meine Lieblingsvariante, weil man so mit Gewürzen und Kräutern seine ganz individuelle Eigenkreation (wie z. B. selbst gemachte Würstchen) herstellen kann. Wichtig zu beachten: Würzzutaten müssen VOR der Zugabe von Flüssigkeit untergerührt werden, da die Konsistenz danach Knetmasse-artig wird und eine Vermengung kaum mehr möglich ist.
Seitanpulver kann auch mit püriertem Gemüse gestreckt werden, um eine weichere Konsis-

tenz des Endprodukts zu erzielen. Die gewürzte Seitan-Knete wird anschließend in Brühe oder Salzwasser fertig gekocht, ausgedrückt und kann gebraten, gegrillt oder geschmort werden.

Tempeh

Das aus Indonesien stammende Produkt wird aus ganzen Sojabohnen gewonnen, die mithilfe eines Edelschimmelpilzes fermentiert werden. Es gibt auch Varianten aus Kichererbsen, Reis, Lupinen und anderen Bohnensorten. Es schmeckt leicht nussig und lässt sich, wie Tofu und Seitan, vielseitig würzen und marinieren. Es hat einen noch höheren Proteingehalt als Tofu (18 g auf 100 g), ist reich an Ballaststoffen und aufgrund der Fermentation leicht verdaulich.

LAGERUNG & HALTBARKEIT

Frisches Tempeh (selbst gemacht oder aus einer Manufaktur) hält im Kühlschrank etwa 2 Wochen, haltbar gemachtes aus dem Bioladen etwa 8 Wochen. Optimal trocken in einer Box lagern. Zudem lässt es sich problemlos für mindestens ein halbes Jahr einfrieren.

SOJA-KONTROVERSE

Zwei hartnäckige Vorurteile im Bezug auf Soja gilt es hier noch zu widerlegen.
Oft wird behauptet Konsumenten von Tofu und Sojamilch wären für die Abholzung des Regenwaldes verantwortlich. Zwar werden Regenwälder für Sojaanbau gefällt, allerdings geht dieser überwiegend als Futtermittel in die Intensivtierhaltung. Keiner der gängigen Soja-Produkt-Produzenten im deutschsprachigen Raum bezieht seine Bohnen aus diesen Gebieten. Im Gegenteil, viele Erzeuger versuchen aktiv den regionalen Anbau auszubauen.
Weder erhöht Sojakonsum das Brustkrebsrisiko noch verweiblichen Männer dadurch. Negative Auswirkungen auf die Gesundheit sind laut aktueller Studien nicht nachweisbar und somit sind Sojaprodukte für alle Menschen unbedenklich, die nicht an einer Soja-Allergie leiden.

Tofu

Dieser durch Gerinnung aus frischer Sojamilch geschöpfte Bohnenquark wird entweder mit hohem Wasseranteil verarbeitet (Seidentofu) oder in feste Blöcke gepresst. In Asien spielen vor allem verschiedene Festigkeitsgrade, Verarbeitungsformen (Fermentation, Gefrieren) und Nebenprodukte (Okara, Tofuhaut) eine Rolle.
Schon 100 v. Chr. breitete sich Tofu von China über Korea und Japan in ganz Asien aus. In vielen traditionellen Gerichten wird es übrigens zusammen mit Fleisch serviert. Ich sprach mal mit einer Japanerin darüber, wie befremdlich es für sie sei, dass die Deutschen Tofu mit heimischen und mediterranen Kräutern, getrockneten Tomaten, Nüssen, Basilikum und Oliven würzen. Da dem Produkt hierzulande gerne Geschmacklosigkeit vorgeworfen wird (und die asiatische Küche ganz offensichtlich eine kultiviertere Würz-Kultur hat), übernehmen viele Hersteller offensichtlich diesen Part für uns.
Es enthält viel Eiweiß (10 g auf 100 g), Eisen und Vitamine.

→|

LAGERUNG & HALTBARKEIT

Natur- und Spezialitäten-Tofu hält länger, wenn man ihn – ähnlich wie Feta – in einer Box mit Salzwasser lagert. Wenn das Wasser täglich gewechselt wird, hält er so ausgepackt bis zu eine Woche. Genauso wie geräucherter Tofu und Seidentofu, nur dass beide ohne Wasser in eine Box kommen. Tofu lässt sich auch gut einfrieren. Allerdings wird die Textur dadurch grobporiger, was pur gegessen nicht so lecker schmeckt, aber Marinaden besser aufnimmt. Nicht mehr essen sollte man ihn, wenn er säuerlich riecht, gelblich-schmierig aussieht und ausgetrocknet ist.

MANUFAKTUREN

Mittlerweile gibt es immer mehr Produzenten, die Tofu und Tempeh frisch herstellen und sowohl im Einzelhandel oder an ihren Produktionsstätten verkaufen. Zudem sind hier auch Unternehmen gelistet, die biologisch produzieren und Wert auf die Verwendung regionaler Grundstoffe legen.

VERWERTUNG

Tofu – süß und herzhaft vielseitig einsetzbar. Im Ganzen, püriert, zerbröselt:

- püriert (oder Seidentofu) als Basis für Desserts wie **Schokomouse**
- püriert (oder Seidentofu) als Zugabe zu **Kuchenteig** / für vegane **Cheesecakes**
- püriert (oder Seidentofu) als Basis für **Aufstriche**, cremige **Saucen**, verfeinert mit Kräutern, Misopaste, Gewürzen
- gebraten / gegrillt zu **Bowls, Salaten, Getreidegerichten**
- paniert / frittiert
- als **Scramble** (veganes Rührei) mit Kurkuma und Kala Namak Salz
- zerbröselt für vegane **Bolognese**
- als marinierter **Tofu-Feta** → *Seite 186*
- als Masse für **Quiche**

Tempeh – knusprig gebratenes / gegrillt:

- auf **Sandwiches**
- als crunchy Topping für Bowls und Salate z. B. **Rosenkohl Slaw** → *Seite 191*
- mit rauchigem Aroma geröstet als **„Bacon"**
- besonders lecker als **Satay** mit Erdnusssauce

Seitan – optimal für Fleischersatz – Gerichte, die fleischähnliche Konsistenz benötigen:

- für saftige Fleischersatz-Gerichte: **Gulasch, Geschnetzeltes, Braten**
- vegane **Schnitzel / Steaks**, paniert knusprig gebraten oder mariniert
- für **Grillspieße / Schawarma / Gyros oder**
- vegane **„Chickenwings"** / Hühnchenteile, aus Seitanpulver mit klassischem Hähnchengewürz angereichert (Rosmarin, Paprika, Thymian, Knoblauch, …)

FAZIT

Ob als Fleischersatz oder einfach als tolle, eiweißreiche Zutat für verschiedenste Gerichte – jedes dieser drei Produkte hat seine Vorzüge.

Optimalerweise lokal erzeugte Produkte aus regional angebauten Rohstoffen kaufen, damit werden kleine Produzenten unterstützt und Verpackungsmüll lässt sich vermeiden.

TOFU TUSSIS

Sellerie

Bei keinem Gemüse herrscht so viel Ratlosigkeit wie bei Sellerie. Er liegt in jedem Supermarkt herum, doch vor allem als Knolle findet er den Weg in den Einkaufskorb oft nur als Komponente im Suppengrün-Bündel. Sind die Bündel alle, kauft man ihn so und weiß oft nicht, wohin mit dem Rest. Schluss damit. Knollensellerie, Staudensellerie und Blattsellerie verleihen vielen Gerichten das gewisse Etwas.
Am stärksten verbreitet sind bei uns Knollen- und Staudensellerie. Blattsellerie, der ähnlich wie Petersilie aussieht, ist im Einzelhandel nur selten zu bekommen.

SAISON

Staudensellerie gibt es von Juli bis Oktober. Knollensellerie von September bis November. Während der Erntezeit ist der Knollensellerie oft mit Blättern erhältlich. Danach gibt es ihn über die Wintermonate als Lagerware ohne Blätter.

LAGERUNG

Staudensellerie hält im Kühlschrank locker eine Woche. Da er einen hohen Wassergehalt hat, hält ihn ein feuchtes Küchentuch zusätzlich länger frisch.
Knollensellerie hält im Kühlschrank oder einer kühlen Speisekammer locker drei bis vier Wochen. Er darf bloß nicht feucht werden, sonst fängt er an zu schimmeln. Auch angeschnitten ist er, in einer Box mit Deckel oder einem Glas, zwei bis drei Wochen haltbar. Am besten ungeschält lagern, das erhöht die Haltbarkeit. Bei angeschnittenen Knollen bildet sich eine Schutzschicht über der Schnittfläche, die später einfach wieder weggeschnitten werden kann.

BLÄTTER

Sowohl die Blätter von Stauden- wie auch von Knollensellerie können und sollen verwendet werden. Sie sind sehr würzig und lassen sich fein geschnitten wie Petersilie oder Liebstöckel als Kräuter in Dressings / Aufstrichen / als Topping verwenden oder als Zugabe zu Suppen, Eintöpfen und Getreidegerichten.

GESCHICHTE

Schon im alten Ägypten und im antiken Griechenland galt Sellerie als Heilpflanze, die entgiftend, entzündungshemmend und stimmungsaufhellend wirkt. Ab dem Mittelalter wurde er auch in Europa zu diesem Zweck in Klostergärten angebaut.
Seit dem 17. Jahrhundert sind die von uns noch heute verzehrten Formen geläufig. Ab dem 19. Jahrhundert wurde er zunehmend „nur" noch als Gemüse verzehrt, das aufgrund seiner guten Lagerfähigkeit noch bis ins 20. Jahrhundert einen prominenten Platz auf dem Speiseplan unserer Vorfahren einnahm. Erst seit einigen Jahren erfährt speziell die Knolle im allgemeinen Wurzelgemüse-Trend ein verdientes Comeback.

ROHKOST

Nicht jedermanns Sache … aber roh ist Sellerie noch ein Stückchen gesünder. Wer den Geschmack pur nicht mag, kann ihn geraspelt (Knolle) oder in feinen Scheiben (Stauden) Salaten beigeben oder in den Entsafter schmeißen (Stauden / Blätter).

VERWERTUNG

Knolle:

- als würzige Backofen-Pommes
- als Zugabe zu Kartoffelpüree / -stampf → *Seite 179* oder Blumenkohlpüree
- als Basis für pürierte Suppen und Saucen, gibt Bindung
- als elementare Zutat für selbst gemachte Gemüsebrühen und in Eintöpfen
- im Ofen geschmort als Braten → *Seite 218*
- als knusprige Puffer, z. B. gemischt mit anderem Gemüse → *Seite 218*
- als Zutat für winterlichen Rohkost-Salat, mit Äpfeln, Kürbiskernen und Senf-Dressing

Staudensellerie:

- pur und roh, mit Dip als Snack oder Reiseproviant
- als Salat-Zutat, z. B. in Kombination mit saisonalen Kollegen wie frischem Mais
- zu allen Gerichten, die einen knackigen Frische-Kick benötigen, z. B. Kartoffelsalat, Gerichte aus Hülsenfrüchten, Getreiden
- in Gemüseeintöpfen, Tomatensuppe
- fein geschnitten mit dem Sesam-Chili-Dressing des Gurkensalats → *Seite 171*
- in Füllungen (Wraps, Sommerrollen, Sandwiches, Tacos, Fladenbrote, Sushi)
- als Saft, gemischt mit Apfel, Karotte, Bete, Ingwer, Gurke, Spinat, …

FAZIT

Mut zum Sellerie. Wem Sellerie pur zu intensiv schmeckt, sei geraten, ihn wohldosiert als Geschmackszutat einzusetzen und mit anderen Komponenten zu mischen.

Steinobst

Steinfrüchte zeichnen sich durch einen verholzten Kern aus, der den eigentlichen Samenkern umschließt. Dieser Kern wird „Stein" genannt und ist wiederum von saftigem Fruchtfleisch umgeben. Die bei uns am geläufigsten Steinfrüchte sind Kirschen, Pfirsiche, Aprikosen, Zwetschgen, Pflaumen, Mirabellen und Nektarinen.

SAISON

Heimisches Steinobst wächst zwischen Juni und Oktober, wobei Süßkirschen den Anfang machen und Zwetschgen zuletzt geerntet werden. Saisonkalender → *Seite 18/19*.

> ***„An apple is an excellent thing — until you have tried a peach."***
>
> GEORGE DU MAURIER

LAGERUNG

Die meisten Steinfrüchte sind absolute Sensibelchen, die ganz schnell Druckstellen bekommen und schnell zu faulen anfangen. Besonders empfindlich sind Pfirsiche, Nektarinen und Aprikosen, Mirabellen, Pflaumen und Zwetschgen sind etwas knautschfester. Optimalerweise sollten sie zum tagesfrischen Verzehr oder maximal für zwei Tage gekauft werden.

Lagerung im Kühlschrank kann ihre Haltbarkeit minimal verlängern. Solange angematschte Früchte noch nicht schimmeln, können sie getrost ausgeschnitten werden. Geschnitten (und püriert) halten sie – genau wie Beeren – im Kühlschrank in einem sauberen Glas noch mal einige Tage länger und können für Müsli, Smoothies, Eiscreme u. v. m. verwendet werden.

ZERO WASTE PROBLEM

Oft bekommt man Steinfrüchte in Supermärkten verpackt in größeren Plastikgebinden. Das erzeugt erstens Verpackungsmüll und wenn eine Frucht anfängt zu faulen, ist oft in null Komma nichts die ganze Packung schlecht. Zudem sind die Mengen meist so groß, dass

Käufer mit dem Aufessen überhaupt nicht nachkommen. Was als Sparpackung daherkommt, landet am Ende zum Großteil im Müll. Lieber einzelne Früchte unverpackt und tagesfrisch auf dem Markt / im Bioladen kaufen und sofort aufessen.

SELBER SAMMELN

Als ich ein Kind war, hatten meine Eltern zwar keinen Garten, aber das Glück eines umfangreichen Freundeskreises, der sich vor Ernteüberschuss nicht retten konnte und so gab es jeden Sommer große Mengen Kirschen, Pflaumen, Mirabellen und Zwetschgen, die zu Kompott und Marmeladen verarbeitet wurden.
Wer sich jetzt nicht erst extra seine Freunde nach Gartenbesitz suchen möchte, dem lege ich **www.mundraub.org** ans Herz. Auf dieser Onlineplattform sind öffentlich zugängliche Obststräucher und -bäume, aber auch Kräuterfundorte eingetragen, viele davon im urbanen Raum großer deutscher Städte. Darunter auch viele Steinobst-Büsche und -Bäume.

FUN FACT

Auch die Olive ist eine Steinfrucht.

KERNE

Einige sind essbar, wie etwa Aprikosen- oder Pfirsichkerne. Aprikosenkerne ähneln optisch Mandeln und sind in gut sortierten Reformhäusern und Biomärkten erhältlich.
Das aus Aprikosen- oder Pfirsichkernen gewonnene Persipan schmeckt etwas bitterer als Marzipan und wird manchmal als günstigere Alternative benutzt. Es muss aber dementsprechend deklariert werden.

VERWERTUNG

- zu **Marmelade** oder **Kompott** verarbeiten, aufs Brot, zu Pfannkuchen, für Desserts
- zu herzhaftem **Chutney** verarbeiten, köstlich zu Reisgerichten und Grillgemüse
- im Backofen schmoren, z. B. mit **Zwiebeln, Rosmarin** und **Rotwein(resten)** → *Seite 221*
- pürieren und für **Smoothies, Müsli, Porridge, Stieleis** verwenden
- zu süßem **Hirsebrei** → *Seite 172*
- z. B. Pfirsiche, als Dessert vom Grill, vor dem Servieren Schokolade darüberraspeln
- unter einer **Crumble-Kruste** backen → *Seite 150*
- mit Chili und Zitrusfrüchten fein gewürfelt als pikante **Salsa**
- als süße Zutat in herzhaften **Salaten** (Blattsalat, Getreidesalat, Linsensalat)
- für **Blechkuchen** und **Rührkuchen**
- mit süßem Senf verrührt als pikantes **Dressing**

FAZIT

Steinfrüchte sind eine köstliche sommerliche Bereicherung für den Speiseplan.
Da sie sich nicht gut lagern lassen, sollte man sie erst dann direkt (unverpackt) kaufen, wenn man sie essen möchte oder für die Nicht-Saison haltbar machen.

Tomaten

GESCHICHTE

Wie so viele unserer heutigen Lebensmittel stammt auch die Tomate aus Mittel- und Südamerika, wo sie von den Ureinwohnern kultiviert wurde. Mit Kolumbus kam sie nach Europa, wo sie erst skeptisch aufgenommen wurde. Die Italiener trauten sich als Erste und tauften sie begeistert Pomo d'oro (Goldapfel). Seitdem ist sie aus der italienischen Küche nicht mehr wegzudenken. Im restlichen Europa wurde sie bis ins 19. Jahrhundert hauptsächlich als Zierpflanze angebaut und hatte eine fragwürdige Reputation: In einigen Ländern galten gelbe Exemplare als stark wirksames Aphrodisiakum, dessen Verzehr vor allem jungen Mädchen verboten war.

„Für mich gibt es nichts Erotischeres als Paradeiser …“

ERICH STEKOVICS
(KAISER DER PARADEISER)

Etwa um 1900 wurden Tomaten dann auch in Deutschland als Lebensmittel geläufig und nach 1945 fanden sie durch den Einfluss der amerikanischen Besatzungstruppen (Ketchup), Italien-Urlaube und den kulinarischen Einfluss der Gastarbeiter endgültig Einzug in die heimische Küche.

ANBAU

Die weltweit am häufigsten angebauten Tomaten bestehen aus fünf Hybridsorten, die besonders lange lagerfähig und resistent gegen Schädlinge sind. Diese Industriepflanzen werden meist in Gewächshäusern in Nährstofflösungen gezogen und verfügen über kein starkes Aroma.
In der EU sind Italien, Spanien, Portugal und Griechenland die größten Produzenten, aber auch in Deutschland, Österreich und in der Schweiz werden reichlich Tomaten kultiviert.
Im Vergleich zu einer Gewächshaus-Pflanze (6,5 kg) beträgt der Ertrag einer Freiland-Bio-Pflanze nur etwa 1,5 kg.

VIELFALT

Man geht davon aus, dass es weltweit um die 15.000 Sorten gibt. Doch auch diese Zahl erscheint gering, denn Historiker vermuten, dass es noch vor 150 Jahren satte 36.000 Sorten gab.
Zum Glück gibt es Liebhaber wie den österreichischen Tomatenbauern Erich Stekovics, der es zu seiner Passion gemacht hat, diese Vielfalt zu erhalten und auf seinem Hof im Burgenland über 3.200 Sorten anbaut. Aus der ganzen Welt pilgern Besucher zu ihm. Jedes Jahr geht er selbst auf Reisen, um weitere Sorten zu entdecken, Russland und die Ukraine sind für ihn Schatzkammern, wo viele Menschen immer noch alte Sorten kultivieren.

SORTEN

Kaukasische Liane, Vaters Himbeerrote, Tigerella, Ananas Noir, gelbe Johannisbeere und Andromeda sind nur einige der klangvollen Namen ausgefallener Tomatensorten.
Bei Form, Größe, Farbe und Aroma gibt es schier keine Grenzen. Länglich, rund, oval, beerenklein, faustgroß, gigantisch, zart, gelb, rot, orange, pink, weiß, grün, violett, gestreift, nussig, fruchtig, herb, süß – die Bandbreite ist unvorstellbar abwechslungsreich.
Die auf dem Headerbild vertretenen Sorten sind Purple Calabash, Carobetta und gelbe Wildtomate aus eigenem Balkonanbau sowie Gekaufte aus der Berliner **Markthalle Neun**: Russische Reisetomate, Howard German, Litschi Tomate, Indigo Rose, Green Zebra, Gourmet Yellow Stuffer.

SAISON

Freilandtomaten gibt es hierzulande hauptsächlich von Juli bis Oktober.

LAGERUNG

Bitte Tomaten niemals im Kühlschrank lagern. Dort verlieren sie ihr Aroma. Optimal bei Zimmertemperatur an einem schattigen Ort, da sie bei direkter Sonneneinstrahlung nachreifen. Bei unreifen Tomaten kann man sich dies zunutzen machen, indem man sie zusammen mit einem Apfel, der auch das Reifegas Ethylen enthält, in die Sonne legt.
Tomaten immer offen und bloß nicht in Plastik verpackt lagern, sonst besteht akute Schimmelgefahr. Als schnellste Haltbarmachung Tomaten einfach pürieren und einfrieren.

DEKOR

Es macht wirklich keinen Sinn im Winter Tomaten zu essen, die aufgrund langer Anreise und liebloser Anbaubedingungen nach Nichts schmecken. Doch in der Gastronomie gehört die Deko-Tomate zum guten Ton: Auf dem Burger, dem Sandwich oder dem Beilagensalat. Zum Glück hinterfragen immer mehr Gastronom*innen dies und ersetzen sie im Winter durch getrocknete Tomaten oder saisonal verfügbare Gemüse. Danke. Will doch eh keiner.

TÖDLICHE TOMATEN

Besonders in Großbritannien und Nordeuropa standen viele Menschen Tomaten lange misstrauisch gegenüber. Nicht nur weil die Blätter Vergiftungen hervorrufen und einige Spezialisten dies unter Beweis stellten. Gerade in aristokratischen Kreisen sorgten mysteriöse Todesfälle für eine Tomaten-Panik: Geschirr aus stark bleihaltigem Zinn war beliebt und blöderweise reagiert Blei mit säurehaltigen Lebensmitteln wie Tomaten. Diese saugen das Gift regelrecht auf und vergiften den edlen Esser, wohingegen Menschen aus niederen Schichten, die nur Holzteller hatten, verschont blieben. Erst Jahrhunderte später klärte sich dieser Sachverhalt auf und die Tomate wurde rehabilitiert.

→ |

VERWERTUNG

- getrocknet für **Pesto Rosso, Salate, Eintöpfe, Pastagerichte, Aufstriche**
- eingekocht oder frisch für **Saucen, Suppen, Eintöpfe**
- süß eingekocht als **Marmelade**
- einreduziert für selbst gemachtes Tomatenmark, z. B. für **Ketchup** → *Seite 116*
- schnell haltbar machen als köstliche **Ofentomaten** → *Seite 182*
- als pikante **Salsa**, z. B. mit Melone → *Seite 212*
- große Tomaten gefüllt und überbacken mit Resten von Reis, Getreiden, Hülsenfrüchten
- für **Gazpacho**, zusammen mit altbackenem Brot, Gurke, Knoblauch, Olivenöl
- fein gewürfelt mit Knoblauch und Olivenöl, auf **Bruschetta, Foccacia, Pizza, Fladenbrot**

FAZIT

Tomaten sollte man von der heimischen Sonne geküsst, frisch geerntet, essen. Heimischer Anbau und Importware in verarbeiteter Form aus Bio-Qualität (Polpa, Sugo, getrocknete Tomaten) bringen im Winter den Sommer auf den Teller.
Das Leben ist zu kurz für Hybridtomaten. Sortenvielfalt kann man auf Märkten und bei lokalen Erzeugern entdecken und selbst anpflanzen.

Trockenfrüchte

Das Trocknen von Früchten ist die älteste Art sie haltbar zu machen und wird heute noch in vielen südlichen Ländern und dem Nahen Osten praktiziert. Traditionell trocknete man Datteln, Feigen, Aprikosen und Rosinen. Heute bekommt man nahezu jede Frucht getrocknet. Wir kennen sie meist verarbeitet in Müsli, Rosinenbrötchen oder Studentenfutter. Manchmal liegen sie auch einfach herum und warten darauf zum Einsatz zu kommen.

LAGERUNG

Trocken ohne direkte Sonneneinstrahlung in einem Vorratsglas lagern. So halten sie mindestens ein Jahr. Manche Früchte bilden Zuckerkristalle an der Oberfläche, das „Auszuckern“ ist aber kein Makel, sondern ein Zeichen für deren Naturbelassenheit. Es handelt sich also nicht um Schimmel!

ZUCKER

Durch Trocknen wird ihnen 80 % der Feuchtigkeit entzogen, dadurch erhöht sich der Fruchtzuckeranteil, dies konserviert die Frucht auf natürliche Weise. Der angeblich besonders hohe Zuckergehalt ist also in der Trockenfrucht genauso hoch ist wie in der Frischen. Man muss schon eine hohe Süß-Toleranzgrenze haben, um so übermäßig Trockenfrüchte zu futtern, dass dies bedenklich wird. Ausgenommen davon sind Menschen, die aus gesundheitlichen Gründen auf ihre Fruchtzucker-Aufnahme achten müssen. Aber für alle anderen sind Trockenfrüchte allemal gesünder als stark verarbeitete Süßigkeiten mit weißem Zucker.

ZERO WASTE PROBLEM

Importierte Trockenfrüchte werden meist direkt im Anbauland verarbeitet, oft sogar auf natürlichem Weg mit Sonneneinstrahlung. Einige Früchte werden direkt am Baum getrocknet. Sie haben somit eine bessere Ökobilanz als eine Südfrucht, die mit Hilfe aufwendiger Verpackung und Kühlung zu uns gebracht wird. Im Bio-Sektor gibt es viele Produzenten, die als faire Kooperativen organisiert sind z.B. Sekem, Flores Farm, Gepa.

Plastikverpackungen bleiben natürlich trotzdem ein Problem, das viele Bio-Erzeuger zumindest versuchen aktiv in Angriff zu nehmen. Einige Unverpackt-Läden verkaufen offene Trockenfrüchte.

REGIONAL

Auch heimische Trockenfrüchte erfreuen sich wachsender Beliebtheit – das Tolle: Man kann sie selbst herstellen. Apfelringe an Fäden aufgehängt sind der Klassiker, aber mithilfe eines Dörrautomaten oder einiger sehr heißer Sommertage ist auch Erdbeeren, Himbeeren, Kirschen und Pflaumen trocknen kein Problem. Je dünner / kleiner die Früchte geschnitten, desto schneller geht's. Und es schaut auch noch wunderschön aus!

PESTIZIDE

Immer wieder fand die Stiftung Warentest in konventionellen Trockenfrüchten wie Rosinen alarmierend hohe Werte von eingesetzten Pestiziden. Auch hier rate ich lieber zu Bio.

GESCHWEFELT VS. UNGESCHWEFELT

Trockenfrüchte werden oft mit Schwefeldioxid behandelt. Das hat meist optische Gründe: Sie behalten die natürliche Farbe und dunkeln nicht nach. Allerdings werden dadurch auch wertvolle Vitamine und Folsäure zerstört. Empfindliche Menschen können zudem mit Kopfschmerzen, Magenproblemen und Übelkeit reagieren. Bio-Produkte verzichten auf Schwefelung. Abwaschen mit heißem Wasser soll zudem einen Teil des Schwefels entfernen.

EINWEICHEN

Um sie wieder zum Leben zu erwecken, kann man sie – je nach Größe – für 5 bis 15 Minuten in lauwarmes Wasser einweichen. So lassen sie sich leichter weiterverarbeiten, egal ob sie geschnitten, püriert oder einfach nur aufgegessen werden sollen. Das Wasser kann man einfach mit verarbeiten.

VERWERTUNG

- als Basis für **Energy Balls**, zusammen mit Nüssen, Samen, Kakao, Getreideflocken → *Seite 222*
- als Zugabe zu einem süßen **Crumble** → *Seite 150*
- als Süßung für selbst gemachtes **Granola / Knuspermüsli**
- im Teig von **Brot / Gebäck / Cookies** / süßen **Hefe-Brötchen**
- als weihnachtliches **Früchtebrot** mit Nüssen
- im **Weihnachtsstollen** oder in **Pancakes / Pfannkuchen**
- als Zugaben zu **Getreidegerichten**, am besten gleich mitkochen (Reis, Hirse, Quinoa, Couscous, …)
- als süße Komponente in (grünen) **Salaten** oder Salaten mit Hülsenfrüchten
- als Zugabe für **Marmeladen / Chutneys / süße Aufstriche** (z. B. Dattelkaramell mit Orangensaft / -schale und Kokosmilch püriert)

FAZIT

Ein bisschen vergessen und doch so vielseitig.
Aus fairem Bio-Anbau eine gute Alternative zu exotischer Frischware, aus heimischem Anbau ein Sommer-Souvenir, das im Winter für kulinarische Erinnerungen sorgen kann.

Zwiebeln

Sie sind vielseitig, gesund, schmackhaft, einfach anzubauen und lange lagerbar. Für uns sind sie ein selbstverständlicher Bestandteil vieler Alltagsgerichte, über den wir uns kaum Gedanken machen. In manchen Ländern sind sie überlebenswichtig: In Indien beispielsweise stellen Zwiebeln für viele Menschen die wichtigste Vitaminquelle dar.

GESCHICHTE

Seit mehr als 4000 Jahren werden Zwiebeln als Gemüse-, Würz- und Heilpflanzen kultiviert. Im alten Ägypten waren sie heilige Opfergaben, in der römischen und griechischen Antike wurden sie literarisch erwähnt und durften in keinem Gemüsegarten fehlen. Auch ihre vielfältigen Heilkräfte wurden seit jeher genutzt.

In unseren Gefilden machten sie sich ab dem Mittelalter breit, sogar im Kuchen: Zucker war unerschwinglich teuer, Honig rar und die natürliche Süße karamellisierter Zwiebeln ist uns auch heute noch bekannt.

GESUNDHEIT

Sie sind reich an Vitamin C und B6, Kalzium und Phosphor, bekämpfen Entzündungen, unterstützen die Krebsprophylaxe und senken den Cholesterinspiegel.

Sie verbessern die Fließeigenschaften des Blutes, schützen gegen Herz-Kreislauf-Krankheiten und verschaffen Linderung bei Insektenstichen. Rote Zwiebeln enthalten eine besonders hohe Wirkstoff-Dichte.

TRIEBE

Viele Menschen schneiden bei Frühlingszwiebeln und Lauch „das Grüne" komplett weg. Das ist nicht nur Lebensmittel-, sondern auch Nährstoffverschwendung: Denn gerade die Triebe enthalten besonders viel Folsäure, Eisen und Zink. Dasselbe gilt für treibende Zwiebeln: Der Keim ist sogar noch gesünder als die äußeren Schichten und kann ohne Bedenken mitgegessen werden.

SAISON

Von Mai bis September gibt es heimische Frühlingszwiebeln, Lauch lässt sich das ganze Jahr über anbauen, da er über eine hohe Frosthärte verfügt. Frische Zwiebeln wachsen von Juli bis Oktober und sind danach als Lagerware erhältlich.

LAGERUNG

Luftig, kühl, dunkel und trocken lagern. Braune Zwiebeln haben die härteste Schale und lassen sich bis zu sechs Monate lagern, weiße und rote Zwiebeln etwa zwei bis drei Monate. Lauch und Frühlingszwiebeln halten im Gemüsefach des Kühlschranks etwa 7 bis 10 Tage.
Bei längerer Lagerung am besten als Erstes die grünen Triebe verarbeiten, der weiße Wurzelteil wird weniger schnell welk. Frühlings- und Lauchzwiebeln gerne in ein feuchtes Küchentuch wickeln.
Angeschnittene Zwiebeln nicht offen im Kühlschrank lagern, sondern in einer Dose oder einem Schraubglas. Sie übertragen sonst gerne ihren Geruch auf andere Lebensmittel bzw. schmecken aufgrund von Oxidation leicht bitter.

SCHALEN

Mit den harten, nicht zum Verzehr geeigneten Schalen lässt sich allerhand anstellen: Zusammen mit anderen Gemüseschalen kann man daraus köstliche Brühe kochen oder auch einzelne Schalen zum Kochen mit in die Suppe geben und – ähnlich wie Lorbeerblätter – danach wieder rausfischen, dies verfeinert das Aroma und gibt eine kräftigere Farbe.
Apropos – Zwiebelschalen wurden seit jeher als natürliches Färbemittel verwendet, in meiner Kindheit färbten wir damit Ostereier. Online gibt es sogar Anleitungen für kupferne Haartönungen aus Zwiebeln. Altbewährt ist auch Zwiebelschalen-Tee (oder -sirup) bei Husten, der antibakteriell und schleimlösend wirkt.
Oder seinen Pflanzen etwas Gutes tun mit Zwiebelschalensud: 10 g Schalen mit 1 Liter kochendem Wasser aufgießen, abkühlen, sieben, gießen. Schützt vor Schimmel und liefert Nährstoffe.

DIE HÄUFIGSTEN SORTEN

- **Braune Zwiebeln:** Stark aromatische Allroundtalente. Für Suppen, Eintöpfe, Saucen, Schmorgerichte, Curries.
- **Weiße Zwiebeln:** Die Milden. Sie lassen sich gut grillen, füllen und fein geschnitten für Salate verwenden.
- **Rote Zwiebeln:** Die zart Aromatischen. Eignen sich gut zum Roh-Verzehr in Salaten, Marinaden, fein gewürfelt oder in Scheiben als Topping für Gerichte. Leicht süßlicher Geschmack.
- **Frühlingszwiebeln:** Die jungen Frischen. Lassen sich roh für Salate, Aufstriche, Dips, Dressings, Wok-Gerichte u. als Topping verwenden. Auch gebraten. Aber Vorsicht – sie verbrennen schnell.
- **Schalotten:** Klein, zart, süß und mild. Optimal roh verwenden und wenn nur sanft garen/dünsten/karamellisieren, sie werden schnell bitter.

TRÄNEN

Beim Schneiden wird in der äußeren Zellschicht der Zwiebel eine schwefelhaltige Aminosäure freigesetzt, im Inneren befindet sich ein Enzym, bei der Reaktion dieser beiden Stoffe entsteht ein Reizstoff, der den Tränenfluss anregt. Je nach Zwiebelsorte und -frische ist dieser manchmal stärker, manchmal schwächer.
Es gibt viele empfohlene Hausmittel gegen Tränen. Mein persönliches lautet „Kontaktlinsen- →|

trägerin". Aber Profiköche empfehlen: Ein scharfes Messer verwenden und die Zwiebel möglichst zügig schneiden, dann ist man schnell fertig und der Reizstoff wird minimal freigesetzt.

SCHNEIDEN

Es ist so einfach. Wenn man einmal verstanden hat wie sich eine Zwiebel optimal schneiden lässt, vergisst man es nie wieder, sondern wird nur noch immer schneller und besser.
Die Zwiebel halbieren und nur das obere Ende mit dem Spross-Abschluss entfernen, den Wurzelteil dran lassen, der hält die Zwiebel zusammen. Die beiden Hälften schälen. Auf einer rutschfesten Unterlage platzieren. Die Zwiebelhälfte mit einer Hand festhalten, dabei die Fingerspitzen anwinkeln wie eine „Katzenkralle". So besteht keine Verletzungsgefahr. Nun die Zwiebelhälfte entweder in Scheiben oder in Würfel schneiden. Unbedingt ein scharfes, nicht zu kleines Messer verwenden. Beim Würfeln zuerst horizontal einschneiden. Durch das Wurzelende kann man bis zum Schluss arbeiten und die Zwiebel daran festhalten, so bleibt nur ein winziges Zipfelchen übrig.

STINKER

Der Geruch von rohen Zwiebeln wird durch die Zugabe von Fett gemildert, z. B. als Öl in einer Salatmarinade.

VERWERTUNG

- in **Suppen, Curries, Eintöpfen** →*Seite 168*
- als Zugabe zu **Bratlingen**, z. B. Brotlinge →*Seite 166*
- zu allerlei **Kartoffelgerichten**, z. B. Schmarrn →*Seite 180*
- im **Katerfrühstück** →*Seite 185*
- eingelegt als Beigabe zu **Sandwiches, Burger**, als **Topping**
- ofengeschmort mit Rotwein und Steinobst →*Seite 221*
- knusprig frittiert, paniert **(Pakora)** oder gebraten pur oder zu Gemüse, Getreide, Hülsenfrüchten, Nudelgerichten
- **karamellisiert**: langsam in der Pfanne mit Öl angebraten und geschmort, bis der natürliche Zucker austritt
- roh zu **Salaten, Dips, Aufstrichen**
- gegrillt oder als **Ofengemüse**
- eingekocht als süß-pikantes **Chutney**
- im **Risotto**
- in **Brötchen / Brot**, auf **Flammkuchen** und **Pizza**
- in einer **Quiche** →*Seite 165*

FAZIT

Meine Mama hatte im Sommer immer eine kleine Zwiebel in der Handtasche, offiziell gegen Insektenstiche, aber auch wenn ein Essen mal fad schmeckt, kann diese Wunder wirken.
Esst mehr Zwiebeln. Trinkt mehr Zwiebeln. Reibt sie euch ins Haar. Sie sind regional, gesund und preiswert.

„Wer Lebensmittel wertschätzt und als Werkstoff betrachtet, dem sind bei der Verwertung keine Grenzen gesetzt."

03

Zero Waste Rezepte

MEAL PREP
REZEPTSAMMLUNG

Zero Waste Rezepte

Meal Prep
BOWLS
WRAPS

Apfel
APFELCRUMBLE

Banane
BANANENKEKSE

Beeren
BEEREN-JOGHURT-EIS

Bete
OFENBETE / BETE-HUMMUS /
CREMIGE BETE-SUPPE

Blumenkohl
BLUMENKOHL-CHEEZE

Bohnen
BOHNEN-ZUCCHINI-SALAT

Brokkoli
CREMIG-KNUSPRIGE BROKKOLI-PASTA

Brot
SEMMELBRÖSEL-QUICHE
BROTLINGE

Gemüse
EINTOPF AUS RESTEN

Gurken
CREMIGES TAHINI-TZAZIKI / GURKENSALAT

Hirse
SÜSSER HIRSEBREI
HIRSESALAT

Karotten
KAROTTEN-LINSEN-SALAT /
AUFSTRICH / SUPPE

Kartoffeln
KARTOFFEL-SELLERIE-STAMPF
KARTOFFELSCHMARRN / KARTOFFEL-
SCHALENCHIPS
KARTOFFELGNOCCHI

Kichererbsen
DAS BESTE KATERFRÜHSTÜCK DER WELT
KOHLRABI-BETE MANDALA MIT KICHERERBSEN

Kohl
VIELSCHICHTIGE KRAUTLASAGNE
ROSENKOHL-SLAW
SAFTIGER OFENKOHL
KRAUTFLECKERL
PFANNKUCHEN

Kürbis
STRUDEL MIT SÜSSER KÜRBISFÜLLUNG

Linsen
HERZHAFTE PASTETE

Mais
MAISSALAT MIT HEIDELBEEREN

Paprika
GEFÜLLTE PAPRIKA

Pasta
PASTA MIT HASELNUSS-RICOTTA-FÜLLUNG

Polenta
POLENTATALER / CREMIGE POLENTA

Radieschen
MIXED PICKLES

Reis
RISIBISI – REIS MIT ERBSEN

Sellerie
DREIERLEI SELLERIE

Steinobst
OFENGESCHMORTES STEINOBST

Trockenobst
ENERGY BALLS

Schokolade & Co
HASELNUSSMILCH / SCHOKOLADENPUDDING
WEIHNACHTSRESTE-TORTE
DER EINFACHSTE KUCHEN DER WELT

Meal Prep
Reste-Bowl

Meal Prep *(Meal Preparation)* bedeutet einfach nur Gerichte für die Woche vorzubereiten. So kann man auch im Alltag immer auf etwas frisch Zubereitetes zurückgreifen. Das ist zumeist gesünder als gekaufte Speisen, spart Verpackungsmüll und kostet weniger.
Es gibt verschiedene Möglichkeiten der Meal Prep. Entweder man macht sich **einen genauen Plan** und nimmt sich einfach ein- bis zweimal die Woche gezielt Zeit vorzukochen. Oder man gewöhnt sich grundsätzlich an, manche Komponenten **in etwas größerer Menge zuzubereiten** und dann **kreativ zu kombinieren**. Diese Variante habe ich verinnerlicht, die erfordert zugegebenermaßen etwas mehr Routine in der Küche. Beide Varianten lassen sich mit den Rezepten dieses Buches aufbauen und erweitern.
Die Idee ist, sich ein Gericht, ähnlich dieser opulenten Reste-Bowl aus verschiedenen Komponenten zusammenzustellen. Das müssen natürlich nicht so viele sein, doch sollten sie zumindest 3–4 Komponenten enthalten, z. B.:

- **Hülsenfrüchte:** Sollten mehrmals die Woche, am besten täglich, Bestandteil unseres Essens sein. Hier lohnt es sich eine größere Menge einzuweichen, zu kochen und zu lagern. Sie eignen sich für Salate →*Seiten 161, 186, 204*, Aufstriche →*Seiten 177, 209*, Eintöpfe →*Seite 169* oder als herzhaftes Frühstück →*Seite 185*.
- **Gekochtes Getreide und Pseudogetreide:** Auf Vorrat kochen und als Suppeneinlage/ Salat oder süße Frühstücksvariante verwenden (Beispiel Hirse süß/herzhaft →*Seiten 172/174*)
- **Ofengemüse:** schnell zubereitet, im Kühlschrank tagelang haltbar für Salate, Sandwiches, Wraps (Folgeseite)
- **Pesto:** (aus Basilikum, Petersilie, Koriander, Grünkohl, Rotkohl, getrockneten Tomaten, Rucola, …) schnelle Sauce für Salate, Bowls, auf Sandwiches, zu gekochtem Getreide/ Hülsenfrüchten
- **Dressing:** Auf Basis von Senf, Öl, Essig und Kräutern/Gewürzen lässt sich Dressing (im Kühlschrank gelagert) für mehrere Tage vor produzieren.
- **Eingelegtes:** Mithilfe von süßsaurem Sud, Fermentation oder Einlegen in Öl können Lebensmittel konserviert werden. Solche Vorräte lassen sich super vielseitig kombinieren. Mit dem Grundrezept →*Seite 215* lässt sich alles Mögliche einlegen.
- **Salate:** Blattsalate welken schnell und sollten erst zum Verzehr angemacht werden, Rohkost- und Kohlsalate lassen sich gut einige Tage im Kühlschrank lagern. Egal ob als (abgewandelter) Klassiker aus Karotte/Apfel/Sellerie/Bete →*Seite 218* oder cremiger Coleslaw →*Seite 191*.
- **frisches Gemüse/Blattsalate**
- **Verwandlung:** Polenta schmeckt frisch als Püree oder als knusprig gebratene Taler. Reisreste können als Füllung für Gemüse →*Seite 212* oder als knusprige Bällchen verspeist werden. Geraspeltes Gemüse kann statt zu Salat auch zu Puffern →*Seite 218* werden.
- **Topping:** Sprossen, Kräuter, Trockenfrüchte, Nüsse, Samen, Gewürzmischungen, angebratener Tofu/Seitan/Tempeh, Pilze

Meal Prep
Wrap it up

Auf der ganzen Welt wird Fleisch oder andere proteinreiche Nahrung wie Hülsenfrüchte in Fladenbrote gewickelt und verzehrt. Diese unglaublich effiziente Art der Nahrungsaufnahme findet sich in nahezu allen Kulturkreisen. Diese Mahlzeit lässt sich auch ohne Besteck wunderbar unterwegs verzehren. Und man kann sie auch zu Hause selbst herstellen. Ob als Reiseproviant, Pausenbrot oder einfach zum Abendessen. Auf diese Art verpacken lassen sich z. B.:

- Hülsenfrüchte, geröstet oder in einer leckeren Sauce
- gekochtes Getreide / Reis
- verschiedene Gemüse (gegrillt, gedämpft, roh)
- Reste von Gerichten, z. B. Salate, (Reis)Nudeln
- Aufstriche, Saucen, Senf, Mayonnaise, Pesto, Chutney
- frische Kräuter, Blattsalate
- Sprossen und Keimlinge
- Tofu / Seitan / Tempeh
- Eingelegtes / Fermentiertes (Sauerkraut, Kimchi, Essiggurken)
- Nüsse und Samen

Essbare Speiseunterlagen können sein:

- Salatblätter, z. B. Chicorée, Radicchio, Römersalat, Chinakohl, Eissalat
- Reispapier, für einige Sekunden in Wasser eingeweicht
- Nori-Algen-Blätter
- Ohne Zucker gebackene Pfannkuchen
- Tacos
- Fladenbrote / Pita

Vielleicht achtet ihr beim Betrachten der folgenden Rezeptseiten mal darauf und überlegt, welche Komponenten sich gut in einer dieser Rollen machen würden?

FOTOS SEITE 147 / 148
Sowohl die Reste-Bowl wie auch dieser Teller wurden komplett aus für dieses Buch zubereiteten Gerichten zusammengestellt.

Apfelcrumble

Menge
2 PORTIONEN

Zubereitungszeit
30 MINUTEN

ZUTATEN

2 Äpfel, gerne schrumpelig
1 EL Speiseöl (Raps-, Sonnenblumenöl)
nach Belieben 1 Prise gemahlener Zimt
4 EL Getreideflocken
1 Handvoll Nüsse / Samen (z. B. Haselnüsse, Mandeln, Walnüsse, etwas Sesam, Kürbiskerne, …)
optional ein paar fein geschnittene Trockenfrüchte (Rosinen, Aprikosen, 1 Feige / Dattel)
1 EL Nussbutter nach Wahl (Haselnuss, Erdnuss, Sesam, Mandel, …)
nach Belieben 1 TL Sirup (Ahorn, Agave, Zuckerrüben)

Wenn Äpfel zu lange in der Obstschale herumliegen, werden sie gerne ein bisschen schrumpelig und laden nicht mehr zum Zubeißen ein. Doch in diesem Stadium sind sie noch für so viele Leckereien verwendbar, wie etwa dieses köstliche, ganz leicht zuzubereitende Apfelcrumble.

Ob als warmes Frühstück mit einem Schuss (pflanzlicher) Milch oder als Dessert mit einer Kugel Eis oder einem Schlag (Kokos-) Sahne dazu — ein besseres zweites Leben kann sich der Apfel kaum wünschen. Und häufige Vorratsschrank-Hüter wie Getreideflocken, Nüsse und Samen kommen dabei auch zum Einsatz.

ZUBEREITUNG

- Den Backofen auf 180 °C Ober / Unterhitze vorheizen. Die Äpfel waschen, wenn sie schon sehr angeschlagen oder konventionell gekauft sind, schälen. Dann vierteln und in kleine Würfel schneiden.
- Eine kleine Auflaufform mit dem Öl einfetten und die Apfelwürfel hineingeben. Nach Belieben mit Zimt würzen, gut vermengen und auf dem Boden der Form flach ausbreiten.
- In einer Schüssel die Getreideflocken, die Nüsse / Samen, Trockenfrüchte, die Nussbutter und nach Belieben den Sirup vermengen. Falls die Masse zu dickflüssig ist, etwas Wasser dazugeben bis alle Flocken / Nüsse / Trockenfrüchte gut mit der Nussbutter überzogen sind.
- Gleichmäßig über die Apfelstückchen geben. Im Backofen bei 180 °C etwa 10–15 Minuten backen, bis die Oberfläche schön gebräunt und knusprig ist und die Äpfel saftig durchgebraten. Am besten lauwarm genießen.

Bananenkekse

Menge
CIRCA 10 KEKSE

Zubereitungszeit
25 MINUTEN

ZUTATEN

2 (gerne sehr reife) Bananen
etwa 6–8 EL Getreideflocken
1 Prise Salz
nach Belieben Rosinen, Nüsse, Sesam, Schokostücken, …

Die wahrscheinlich einfachsten Kekse der Welt lassen sich aus genau zwei Zutaten herstellen: Richtig schön reifen Bananen und Getreideflocken.

Auf dieser Basis kann man noch allerhand Zutaten mit hineinkneten, die diese wirklich gesunde Knabberei noch leckerer machen: eine Prise Meersalz, ein paar Nüsse, etwas Mohn, ein paar Stücke Schokolade — der Fantasie sind keine Grenzen gesetzt. Außerdem ist es ein perfektes Rezept zum Backen mit Kindern.

ZUBEREITUNG

- Den Backofen auf 190 °C Ober / Unterhitze vorheizen.
- Die Bananen schälen und mithilfe einer Gabel oder eines Pürierstabs zerkleinern. Nach und nach so viele Getreideflocken dazugeben bis sich eine feste Masse bildet. Mit 1 Prise Salz abschmecken und nach Belieben weitere Geschmackszutaten in den Teig einarbeiten.
- Mit einem Esslöffel auf ein eingefettetes Backblech oder eine Silikon-Backmatte kleine Häufchen geben und diese platt drücken. Einfacher geht das, wenn man den Löffel mit Wasser anfeuchtet.
- Bei 190 °C je nach Backofen 8–15 Minuten backen, bis die Kekse schön knusprig und nicht mehr weich sind. Warm oder kalt genießen. Am besten schmecken sie frisch, lassen sich aber ohne Weiteres einige Wochen in einer Keksdose trocken aufbewahren.

Beeren-Joghurt-Eis

Menge
6 EISFÖRMCHEN

Zubereitungszeit
5 MINUTEN
+ GEFRIERZEIT

ZUTATEN

150 g Beeren (Himbeeren, Brombeeren, Erdbeeren, Stachelbeeren, Johannisbeeren, Heidelbeeren)
150 g (pflanzlicher) Joghurt
nach Bedarf 2 EL flüssige Süßungsmittel (ich verwende Apfeldicksaft, es geht aber auch Ahornsirup o. Ä.)

Im Sommer häufig zu beobachten: Man kauft frische Beeren, schafft es nicht alle auf einmal aufzuessen und schon am nächsten Tag werden sie oft bereits matschig. Dabei hat man aber auch häufig noch so einen Rest (pflanzlichen) Joghurt im Kühlschrank, der kaum mehr für eine Portion Müsli reicht. Aus diesen beiden Zutaten kann ein herrliches Eis werden. Einfacher geht's kaum.

Entweder friert ihr die Beeren ein und püriert sie zusammen mit dem Joghurt direkt zu Frozen Yoghurt oder ihr zerkleinert beides bei Zimmertemperatur und füllt es anschließend in Eisförmchen. Beides super lecker, einfach und erfrischend.

ZUBEREITUNG

* Nach Belieben ein paar ganze Beeren zur Seite legen, um den Frozen Yoghurt / das Stieleis damit zu dekorieren.
* Die restlichen Beeren und den Joghurt mithilfe eines Pürierstabs / einer Küchenmaschine zu einer cremigen Masse zerkleinern.
* Bei Verwendung gefrorener Beeren den Frozen Joghurt sofort weglöffeln. Für Stieleis die Masse zusammen mit den ganzen Beeren in die entsprechenden Förmchen füllen und im Eisfach einige Stunden fest werden lassen.

Ofenbete / Bete-Hummus / Cremige Bete-Suppe
Ein Rezept – drei Variationen

Menge
2 PORTIONEN
ALS BEILAGE / SUPPE

Zubereitungszeit
40 MINUTEN

ZUTATEN

Beilage / Suppe
300 g Bete (rote / gelbe / weiße / gestreifte)
2 EL Olivenöl
Gewürze und Kräuter nach Verfügbarkeit, z. B. 1 TL (getrockneter) Thymian
oder 1 TL Seven Spice Mischung
oder 1 TL Currypulver
Salz

Zusätzlich für Hummus
200 g gekochte Kichererbsen
3 EL Tahini
Saft und Abrieb 1 Zitrone

TIPP
Noch cremiger wird das Hummus, wenn ihr (nur bei Zubereitung im Blender / Küchenmaschine) statt Wasser sukzessive Eiswürfel dazugebt. Für die Menge benötigt ihr etwa 15 Eiswürfel.

Wenn Bete zu lange im Gemüsefach liegen, werden sie ein bisschen schrumpelig und man hat keine Lust mehr sie roh in den Salat zu raspeln, aber es gibt prima Möglichkeiten mit sehr wenig Aufwand daraus noch tolle Gerichte zu zaubern.

ZUBEREITUNG

Ofenbete

* Den Backofen auf 180 °C Ober / Unterhitze vorheizen.
* Die Bete schälen und in etwa 1 cm dicke Scheiben schneiden. Auf einem Backblech mit dem Olivenöl, den Gewürzen / Kräutern und 1 großzügigen Prise Salz vermengen und gut ausbreiten.
* Im Backofen etwa 20 Minuten backen, bis die Stücke außen geröstet und innen weich sind. Wenn sie sich mit einem Messer einfach einstechen lassen, sind sie fertig.
* Entweder als Beilage servieren oder etwas abkühlen lassen und zu Suppe weiterverarbeiten.

Suppe

* Für die Suppe die geschmorten Bete mit einem Liter Wasser pürieren. Diese mit Salz, Pfeffer, beliebigen Gewürzen und einem Schuss Säure (Zitronensaft oder Essig) nachwürzen und erwärmen. Auf dem Foto wurde sie aus gelben Beten gemacht und mit etwas Hanföl beträufelt.

Hummus

* Für das Hummus die gerösteten Bete zusammen mit den Kichererbsen, Tahini und dem Abrieb und Saft einer halben Zitrone und etwa 100 ml Wasser im Mixer oder mit dem Pürierstab zerkleinern.
* Nach Bedarf mit mehr Wasser cremiger mixen, nach Geschmack mit mehr Abrieb / Zitronensaft und Salz / Pfeffer abschmecken.

Wenn ich zu faul zum Kochen bin, schmeiße ich Gemüse gerne in den Backofen. Dann muss ich nicht mehr viel machen und es bekommt zudem ein köstliches Röstaroma.

So wird hier mit den müden Beten verfahren, die anschließend auf unterschiedliche Weise verwendet werden können. Entweder direkt genießen, z. B. zu Hirsesalat → *Seite 174*, als Zugabe zu Hummus oder fein püriert als Suppe.

Blumenkohl-Cheeze
mit Brotchips

Menge
EINE MITTELGROSSE SCHÜSSEL CHEEZE UND CIRCA 20 BROTCHIPS

Zubereitungszeit
20 MINUTEN

ZUTATEN

Cheeze
100 g Sonnenblumenkerne
1 Karotte (ca. 80 g)
ca. 180 g Blumenkohl (½–⅓ Kopf)
1 Messerspitze Cayennepfeffer
1 Knoblauchzehe
1 Schuss Essig
oder Zitronensaft
4 TL Hefeflocken
½ TL Kurkuma
2 gestrichene TL (geräuchertes) Paprikapulver
1 TL Senf
1 TL Salz

Brotchips
½ altbackenes Baguette / Weißbrot
5 EL Olivenöl
2 TL getrocknete Kräuter oder Gewürzmischung nach Belieben

Aus Stücken von Blumenkohl (mit Stiel) und müden Karotten lässt sich eine köstliche käsige Creme herstellen, die man prima mit ofengerösteten Brotchips aus altbackenem Brot, frischem Brot oder weiterem Gemüse dippen oder als Beilage zu Reis, Nudeln oder allen nur erdenklichen Bowls und Hauptgerichten reichen kann.

ZUBEREITUNG

Cheeze

* Die Sonnenblumenkerne in warmem Wasser einweichen. In einem mittelgroßen Kochtopf etwa einen Liter Wasser aufsetzen. Deckel drauf.
* Die Karotte schälen, falls sie nicht aus Bio-Anbau oder schon sehr angeschlagen ist. Karotte und Blumenkohl in gleich große Stücke schneiden, da später alles püriert wird, dürfen die Stücke ruhig klein sein, das verkürzt die Kochzeit. Karotten- und Blumenkohlstücke in Salzwasser weich kochen. Abgießen und leicht abkühlen lassen.
* Die Sonnenblumenkerne ebenfalls abgießen und zusammen mit dem Gemüse und allen weiteren Geschmackszutaten in einem Blender / Küchenmaschine oder mit einem Pürierstab zerkleinern. Probieren und gegebenenfalls mit mehr Säure, Salz, Schärfe abschmecken.

Brotchips

* Den Backofen auf 180 °C Ober / Unterhitze vorheizen. Das Brot in dünne Scheiben schneiden. Öl und Kräuter / Gewürze in einer Schüssel mischen und die Brotscheiben damit bepinseln.
* Auf einem Backblech ausbreiten und etwa 5–8 Minuten im Ofen rösten, bis die Scheiben goldbraun und knusprig sind. Gelingt auch super mit Vollkornbrot, dauert aber ein paar Minuten länger, da dieses mehr Feuchtigkeit speichert. Die fertigen Chips halten in einer Box trocken gelagert wochenlang.

Egal ob ihr vorgekochte Bohnen übrig habt oder schnell Linsen aufsetzt — dieser schmackhafte und gesunde Salat lässt sich beliebig variieren. Sowohl alle Bohnensorten wie auch Kichererbsen oder Erbsen können dafür zum Einsatz kommen.

Ich liebe es Zucchini roh zu essen, durch die Massage mit etwas Salz werden sie weicher und bekömmlicher, stattdessen könnt ihr aber auch Gurke verwenden.

Das Pesto als Dressing ist ein Klassiker, der sich natürlich auch für alle weithin bekannten Pesto-Einsatzgebiete eignet: Zu Pasta, Kartoffelstampf, Grillgemüse, auf Toast, zu Reis — es gibt keine Grenzen. Das Gleiche gilt für die grüne Würzpaste: klassisch mit Basilikum, Rucola oder mit Petersilie, Koriander, Radieschengrün, Grünkohl, …

Bohnen-Zucchini-Salat *mit Pesto*

Menge
2 PORTIONEN

Zubereitungszeit
20 MINUTEN

ZUTATEN

Salat

1 mittelgroße Zucchini
oder Gurke

200 g gekochte Bohnen
oder Erbsen, Kichererbsen, Linsen

Pesto

100 g Basis-Grünzeug *(→ Infotext)*
1–2 Knoblauchzehen (nach Größe)
60 g Nüsse
oder 3 EL Nussbutter
200 ml hochwertiges Olivenöl
Salz
Pfeffer
nach Belieben 1 Messerspitze abgeriebene Zitronenschale

Ob mit Pinienkernen, Walnüssen oder etwas kostensparender mit Sonnenblumenkernen oder Tahini. Pesto darf alles Mögliche sein, Hauptsache es schmeckt!

ZUBEREITUNG

Salat

* Für den Salat die Zucchini in dünne Scheiben oder Stücke schneiden und in einer Schüssel mit 1 Prise Salz sanft massieren. Für 10 Minuten ziehen lassen, in der Zwischenzeit das Pesto zubereiten.

Pesto

* Bei der Zubereitung für Pesto gibt es eine Faustregel, anderenfalls kann das Ergebnis bitter ausfallen: Die Zutaten schonend behandeln. Nicht umsonst stellen die Italiener ihr Pesto traditionell im Mörser her. Olivenöl mag es nicht, zu doll im Mixer / der Küchenmaschine herumgeschleudert zu werden. Wenn euch das Mörsern zu anstrengend ist, gebt erst das Grünzeug mit etwas Knoblauch und den Nüssen in das Gerät, etwas Wasser dazu und püriert das Ganze OHNE ÖL. Nehmt lieber erst weniger Knoblauch, auch dieser kann stark in der Intensität variieren, mehr geht hinterher immer noch.
* Anschließend das Öl entweder per Hand hinterher dazurühren oder mixt maximal ganz kurz mit der Pulse-Funktion des Geräts. So erhaltet ihre ein wohlschmeckendes Ergebnis.
* Mit Salz, Pfeffer (und nach Belieben mit Zitronenschale) abschmecken. Falls ihr nicht alles gleich verwenden wollt, Pesto in ein sauberes Glas geben und großzügig mit Olivenöl bedecken. Wenn ihr immer einen frischen Löffel verwendet, hält das Pesto so problemlos monatelang.
* Sollte es doch einmal bitter geworden sein, kann man mit etwas nachsalzen oder Zugabe von mehr „neutralem" Grünzeug wie Spinat dagegenarbeiten.
* Das Wasser aus den massierten Zucchinischeiben drücken und diese mit den Bohnen vermengen. Mit Pesto als Dressing würzen und genießen.

Cremig-knusprige Brokkoli-Pasta

Menge
2 PORTIONEN

Zubereitungszeit
30 MINUTEN

ZUTATEN

½ oder 1 kleiner Kopf Brokkoli (ca. 300 g)
300 g Nudeln
4 El Olivenöl
1 Handvoll Sonnenblumenkerne
1 EL Sojasauce
100 ml Wasser
Salz, Pfeffer
Muskatnuss

Dass man den Stiel des Brokkoli genauso gut verzehren kann wie die Röschen, sollte eigentlich weithin bekannt sein. (Wenn es jemand nicht weiß, sagt es bitte schnell weiter!)

Zugegebenermaßen sind diese aber hübscher und machen mehr Spaß im Mund. Deshalb benutze ich den Stiel in diesem unwiderstehlichen Rezept als Basis für eine cremige Nudelsauce, die Röschen werden, zusammen mit Sonneblumenkernen und Sojasauce, kross angebraten und dienen als Krönung dieses Wohlfühl-Gerichts.

ZUBEREITUNG

- In einem Topf, der für die Nudeln groß genug ist, Wasser aufsetzen. Den Brokkoli waschen, die Röschen vom Stiel lösen und etwas zerkleinern. Den Stiel in kleine Stücke schneiden und in kochendem Salzwasser einige Minuten weich kochen.
- Mit einer Schaumkelle herausfischen, zum Abkühlen beiseitestellen und anschließend die Nudeln im selben Wasser al dente kochen. Abgießen und mit kaltem Wasser abschrecken, damit sich das Gluten abwäscht und sie nicht zusammenkleben.
- In einer Pfanne 2 EL Öl erhitzen und die Röschen darin anrösten. Wenn sie leicht gebräunt, aber noch knackig sind, die Sonnenblumenkerne dazugeben. Sobald diese ebenfalls Farbe bekommen mit der Sojasauce ablöschen.
- Für die Nudelsauce die gekochten Brokkoli-Stiele zusammen mit 100 ml Wasser und 2 EL Olivenöl fein pürieren und kräftig mit Salz, Pfeffer und Muskatnuss abschmecken.
- Die Sauce mit den gekochten Nudeln vermengen und gegebenenfalls noch mal kurz erwärmen.
- Portionieren und mit dem gerösteten Röschen-Sonnenblumenkern-Topping servieren.

Semmelbrösel-Quiche

Menge
EINE SPRINGFORM
MIT 25 CM DURCHMESSER

Zubereitungszeit
60 MINUTEN

ZUTATEN

Boden
150 g Semmelbrösel, am besten selbst gemacht
½ TL Salz
2 TL gehackter Rosmarin, frisch oder getrocknet
4 EL Olivenöl
150 ml Wasser

Füllung
Gemüse nach Belieben, z. B. 5–8 Cherrytomaten, 1 Handvoll Rucola, Blattspinat oder ½ Stange Lauch oder 1 Handvoll Pilze
400 g Seidentofu **oder** Naturtofu
1 EL Speisestärke
2 EL Pflanzenöl
nach Belieben 2 EL Hefeflocken (gibt es im Bioladen)
1 Knoblauchzehe
Salz, Pfeffer, Muskatnuss
optional 1 Prise Kurkuma

Für den Boden verwende ich Semmelbrösel aus altbackenem Brot →*Seite 52*, verfeinert mit etwas Rosmarin. Die Füllung basiert auf Seidentofu, ihr könnt aber auch normalen Naturtofu mit Wasser zu einer cremigen Konsistenz pürieren.

Sonst sind der Fantasie keine Grenzen gesetzt: Tomaten, die schon etwas runzelig sind, müder Rucola, Blattspinat oder in die Tage gekommene Pilze finden in diesem leckeren Gericht eine neue Aufgabe. Hier im Bild seht ihr eine Variante mit Lauch und Portobello.

ZUBEREITUNG

- Den Backofen auf 180 °C Ober/Unterhitze vorheizen.
- Für den Boden Semmelbrösel, Salz und den fein gehackten Rosmarin in einer Schüssel verrühren, Öl und Wasser dazugeben und miteinander verkneten, bis ein krümeliger, aber kompakter Teig entsteht.
- Den Teig in eine eingeölte Springform geben und die Masse mit dem Handballen und den Fingern gleichmäßig flach drücken. Mit einer Gabel einstechen und 15 Minuten vorbacken.
- Das Gemüse waschen, größere Salatblätter vom Struck befreien und in Streifen schneiden. Auch der Strunk kann, superfein geschnitten, mit in die Füllung. Tomaten und Pilze halbieren.
- Den Seidentofu zusammen mit der Stärke, 2 EL Öl, den Hefeflocken und der geschälten Knoblauchzehe pürieren. Entweder mit dem Pürierstab oder einem Blender/Küchenmaschine. Bei Verwendung von normalem Naturtofu ca. 100 ml Wasser dazugeben, bei Bedarf etwas mehr, um eine flüssig-cremige Konsistenz zu erreichen. Mit Salz, Pfeffer und Muskatnuss abschmecken.
- Auf dem vorgebackenen Boden verteilen, Gemüsefüllung locker drauf verteilen und leicht eindrücken. Pilze und Tomaten mit der Schnittseite nach oben legen.
- Auf mittlerer Schiene 20 Minuten bei 180 °C backen, dann weitere 15 Minuten bei 150 °C backen, bis die Masse durchgehend gestockt ist.
- Vor Anschnitt kurz ruhen lassen, Rand mit einem Messer von der Form lösen, warm oder kalt genießen.

Brotlinge
mit knusprigen Ofenpommes

Menge
2 PORTIONEN

Zubereitungszeit
40 MINUTEN

ZUTATEN

200 g altbackenes Brot in Scheiben oder Würfeln
1 mittelgroße Zwiebel **oder** 3–4 Frühlingszwiebeln
3–4 EL Semmelbrösel
optional 1 Handvoll Spinat / Rucola / Petersilie / Kapern / getrocknete Tomaten / Pilze / Oliven
Salz, Pfeffer

Pommes
250 g Kartoffeln
2 EL Pflanzenöl (Sonnenblumen, Raps)
1 TL Paprikapulver
1 EL Polenta
Salz, Pfeffer

TIPP
Dazu passt frischer Salat, Pickles, Ketchup, Senf oder andere Saucen → *Seite 116*.

Ich persönlich finde ja das Wort „Bratling" immer so ein bisschen unsexy, habe aber auch noch keine alternative Wortschöpfung zum deutschen Pendant des „Patty" gefunden. Mit Brot allerdings wird er einfach zum Brotling.

ZUBEREITUNG

* Den Backofen auf 200 °C Ober / Unterhitze vorheizen.
* In einem Wasserkocher Wasser zum Kochen bringen. Das altbackene Brot in einer Schüssel mit Wasser übergießen, sodass alles gut bedeckt ist. Je nach Größe der Brotstücke 5–10 Minuten aufweichen lassen.
* Die Kartoffeln waschen, wenn sie aus Bio-Anbau sind, kann die Schale dranbleiben. Zuerst in Scheiben, dann in Stäbchen schneiden. Am einfachsten geht das, wenn man die Kartoffel auf das Brett legt und schaut, auf welcher Seite sie von selbst liegen bleibt. Die Kartoffelstäbchen zusammen mit dem Öl, dem Paprikapulver, der Polenta und etwas Salz und Pfeffer in einen Lebensmittelbehälter geben. Deckel drauf und gut durchschütteln.
* Auf einem Backblech verteilen und im Backofen bei 200 °C 10 Minuten backen. Anschließend mit einem Pfannenwender wenden und weitere 10 Minuten backen, bis die Pommes schön gebräunt und knusprig sind.
* In der Zwischenzeit die Brotlinge zubereiten. Dafür das eingeweichte Brot in einem Sieb abgießen.
* Zwiebeln / Frühlingszwiebeln schälen / säubern und fein würfeln. Zusammen mit den Semmelbröseln unter die Brotstücke kneten. Nach Belieben weitere fein gewürfelte Zutaten dazukneten. Mit Salz, Pfeffer und beliebigen weiteren Gewürzen abschmecken. Wichtig ist, dass die Masse nicht zu feucht und formbar ist. Nach Bedarf mehr Semmelbrösel dazugeben, diese saugen die Feuchtigkeit auf.
* Patties formen. Diese in einer Pfanne mit genug Öl von beiden Seiten knusprig braten.

Dieses hier wird aus altem Brot geformt, also — logisch — ein Brotling. Es bildet die Basis, dazu können nach Belieben herzhafte Reste gemischt werden, einige Vorschläge findet ihr in der Zutatenliste. Dazu serviere ich schnelle Ofenpommes, die so einfach zuzubereiten und so lecker sind, dass es wirklich keine Ausrede gibt, fertige Pommes zu kaufen. Dieses Rezept eignet sich auch für Kinder jeglichen Alters.

Zero-Waste-Eintopf

Menge
4 PORTIONEN

Zubereitungszeit
30—40 MINUTEN

ZUTATEN

500 g Gemüse (z. B. Zwiebeln, Lauch, Karotten, Kartoffeln, Blumenkohl, Bohnen, Pastinaken, Mangold, Spinat)
je nach Größe 1–2 Knoblauchzehen
3 EL Pflanzenöl
frische oder getrocknete Kräuter: jeweils 1 Zweig oder 2 TL Rosmarin / Thymian, nach Belieben Liebstöckel, Petersilie, ein Lorbeerblatt
500–700 ml Wasser
½ Tasse ungekochte oder 1 Tasse gekochte Hülsenfrüchte / Getreide (z. B. Linsen, Erbsen, Bohnen, Gerste, Buchweizen, Hafer, Weizen, …)
Salz, Pfeffer
1 Schuss Essig / Zitronensaft

Manchmal sind die simpelsten Gerichte doch wirklich die Besten. Wie dieser Eintopf. Eines meiner absoluten Lieblingsessen auf der ganzen Welt. Das beste Gericht für erste herbstliche Regentage genauso wie für richtig kalte Winterabende. Und schmeckt sogar zweimal aufgewärmt noch besser. Die Gemüsezutaten setze ich aus dem zusammen, was zu Hause rumliegt.
Mit der Beigabe von getrockneten Kräutern wie Rosmarin, Thymian, Liebstöckel und ordentlich Knoblauch wandern Erinnerungen an den Sommer zurück auf den Teller und in meinen Mund.

Dieses Rezept ist für vier Personen gedacht, kann aber einfach mit der entsprechenden Menge Hülsenfrüchte, Gemüse und Flüssigkeit multipliziert werden und so eine ganze Fußballmannschaft sättigen.

Zur Zubereitung von Hülsenfrüchten findet ihr mehr Infos im zweiten Kapitel des Buches. Bei Verwendung von lang kochenden Hülsenfrüchten / Getreiden verwende ich bereits vorgekochte, kurz kochende wie Linsen oder Buchweizen können mitgekocht werden.

ZUBEREITUNG

- Gemüse putzen, gegebenenfalls schälen und in mundgerechte Stücke schneiden. Knoblauch und Zwiebeln schälen und in Würfel oder Streifen schneiden.
- Öl in einem großen Topf erhitzen. Knoblauch, Zwiebeln (oder Lauch/Frühlingszwiebeln) und getrocknete Kräuter einige Minuten anschwitzen, bis alles leicht gebräunt ist.
- Restliches festes Gemüse dazugeben, 3 Minuten weiterrösten. Mit Wasser aufgießen und 1 kräftige Prise Salz dazugeben.
- Falls Linsen / Getreide mitgekocht werden soll, dieses je nach Kochzeit nach 10 oder 15 Minuten köcheln dazugeben. Bereits gekochte Hülsenfrüchte / Getreide erst in den letzten 5 Minuten mit erwärmen. Nach Bedarf mehr Wasser zugießen.
- Mit Salz, etwas Pfeffer und einem Schuss Essig / Zitronensaft abschmecken. Die Zugabe von Säure rundet den Geschmack hervorragend ab.

Ihr mögt es, wenn Gemüse richtig zerfällt oder doch lieber al dente? Dementsprechend könnt ihr entweder alles zeitgleich in den Topf geben oder in einer gewissen Reihenfolge. Wer Biss möchte, achtet darauf, die Gemüsesorten mit längerer Kochzeit zuerst in den Topf zu geben und „weiche Zutaten" wie Mangold, Spinat oder Tomaten *(go crazy!)* erst in den letzten Minuten mitzukochen.

Gurken werden manchmal ein bisschen weich und müde, wenn sie zu lange im Gemüsefach verweilen. Das heißt aber nicht, dass sie unbrauchbar sind, sondern nur, dass sie ein bisschen was von ihren unglaublichen 99 % Wassergehalt verloren haben.

Cremiges Tahini-Tzaziki / Verprügelter Gurkensalat *mit Sesam und Chili*

Menge
2 PORTIONEN

Zubereitungszeit
JE 15 MINUTEN

ZUTATEN

Tzaziki

1 Gurke
4 EL feines Tahini (Sesampaste)
100 ml Wasser
1 Knoblauchzehe, geschält und fein geschnitten
2 EL Olivenöl
Saft und Abrieb 1 Zitrone
4 Zweige frischer oder 2 TL getrockneter Dill
Salz, Pfeffer

Gurkensalat mit Chili und Sesam

1 Gurke
1 TL Salz
1 ½ TL Zucker
2 TL Sesam
½ oder 1 kleine rote Zwiebel, fein gewürfelt
1 EL Sojasauce
1 TL Sesamöl
1 EL Reis- oder Apfelessig
1 Knoblauchzehe, geschält und fein geschnitten
½ Chilischote oder getrocknete Chilischoten, fein geschnitten

FUN FACT
Ihr könnt für beide Rezepte auch Zucchini verwenden.

Diese beiden schnellen Salatrezepte hauchen ihnen neues Leben ein: Die vegane Variante des griechischen Vorspeisen-Klassikers wird mit einem herrlichen cremigen Dill-Knoblauch-Dressing auf Basis von Sesampaste hergestellt.

Beim zweiten, etwas brachial klingenden Rezept, kann man super seine Aggressionen loswerden. Die Gurke wird mithilfe eines schweren Gegenstands (Nudelholz, Pfanne, großes Messer) richtig gehend verdroschen, bis die Struktur aufplatzt, der Geschmack sich intensiviert und das Dressing so richtig gut einziehen kann.

Diese Technik stammt aus der asiatischen Küche, macht richtig Spaß und das Ergebnis schmeckt hervorragend. Außerdem sieht man der Gurke nach dieser Bearbeitung ihre Müdigkeit gar nicht mehr an …

ZUBEREITUNG

Tzaziki

* Die Gurke (falls nicht bio) schälen und mit einer Küchenmaschine oder eine Reibe fein raspeln. Gurkenraspel in einem feinmaschigen Sieb etwas auspressen.
* Tahini, 100 ml Wasser, die Knoblauchzehe, das Olivenöl, den Zitronensaft und den Abrieb der Zitrone in einem Blender oder mit dem Pürierstab zu einem cremigen Dressing zerkleinern.
* Den (gehackten) frischen oder trockenen Dill dazugeben. Mit den Gurkenraspeln vermengen und mit Salz und etwas Pfeffer abschmecken. Nach Bedarf noch mehr Zitronensaft dazugeben.

Gurkensalat mit Chili und Sesam

* Die Gurke auf einem großen Brett mit schwerem Werkzeug (siehe Einleitung) doll verprügeln, bis sie richtig gehend zermatscht ist.
* Anschließend der Länge nach halbieren und in mundgerechte Stücke schneiden. In eine Schüssel geben, mit Salz und Zucker bestreuen und gut vermengen. 5 Minuten durchziehen lassen.
* Den Sesam in der Pfanne ohne Fett kurz anrösten, bis er zu duften beginnt. Alle restlichen Zutaten zu einem Dressing verrühren, über die Gurkenstücke geben und mit Sesam bestreuen.

Süßer Hirsebrei
mit Nüssen, Orange und Sirup

Menge
2 PORTIONEN

Zubereitungszeit
20 MINUTEN

ZUTATEN

100 g Hirse (1 Tasse)
1 Handvoll Haselnüsse
Saft und Abrieb 1 unbehandelten Orange
4 EL Ahornsirup

Vor einigen Jahrhunderten war Hirse eines der wichtigsten Grundnahrungsmittel hierzulande. Manche erinnern sich vielleicht an den süßen Brei aus dem gleichnamigen Märchen der Gebrüder Grimm. Ein Mittel gegen Hunger und Not. Dazu passt auch der Name, der vom indogermanischen Wort für „Sättigung/Nahrhaftigkeit" herrührt.

Bereits vor 8000 Jahren wurde ungesäuertes Fladenbrot aus diesem nährstoffreichen (und glutenfreien) Getreide gebacken. Ich stimme für ein Comeback dieser herrlich vielseitig einsetzbaren, regionalen Körnchen, die gerade für Pflanzenfresser eine wichtige Quelle für Eisen und Antioxidantien bieten. Außerdem kann man Hirse perfekt für Meal Prep nutzen → *Seite 146*, indem man einfach gleich mal die doppelte Menge kocht.

Ob süß oder herzhaft (nächste Seite), es gibt unzählige Variationsmöglichkeiten.

ZUBEREITUNG

- Die trockene Hirse in einem Topf auf den Herd geben und unter Rühren leicht anrösten. Anschließend mit der 1½ fachen Menge Wasser begießen und aufkochen. Hitze abdrehen und bei geschlossenem Deckel 10 Minuten ziehen lassen.
- Die Nüsse grob hacken und in einer Pfanne ohne Fett anrösten. In der Zwischenzeit die Schale der Orange abreiben. Die Orange halbieren, zwei große Scheiben abschneiden und zur Seite legen.
- Die restliche Frucht auspressen. Die fertig gekochte Hirse zusammen mit der Orangenschale, dem Orangensaft, 2 EL Sirup und 100 ml Wasser in einem Blender/Küchenmaschine cremig pürieren.
- Ihr könnt die süße Hirse auch mit ganzen Körnern löffeln, ich finde jedoch es schmeckt ganz herrlich samtig, wenn man sie püriert.
- Portionieren und mit dem übrigen Sirup, den Orangenscheiben und den Nüssen servieren.

Hirsesalat
mit Ofengemüse und Pesto

Menge
2 PORTIONEN

Zubereitungszeit
30 MINUTEN

ZUTATEN

100 g müdes Gemüse (z. B. Karotten, Paprika, Blumenkohl, Kartoffeln, Zwiebeln, …)
1 EL Olivenöl
(Kräuter-)Salz und / oder 1 Prise getrocknete Kräuter (Rosmarin, Thymian, Oregano, …)
100 g Hirse (1 Tasse)
4 EL Pesto

Wie bereits auf der vorherigen Seite erwähnt, ist Hirse ein wahres Wunderkorn, das wir ab sofort fest in unseren Speiseplan integrieren sollten. Größere Mengen vorkochen lohnt sich auf jeden Fall, mehr Infos zu gekonnter Meal Prep findest du auf → *Seite 146*.

Wenn ihr diesen Salat als Reiseproviant oder für die Mittagspause mitnehmen wollt, füllt euch das Pesto in ein extra Glas ab und verdünnt es mit etwas Wasser, bevor ihr es über den Salat gebt, schaut zwar nicht so schick aus, lässt sich aber viel besser verteilen.

ZUBEREITUNG

* Den Backofen auf 180 °C Ober / Unterhitze vorheizen.
* Müde Gemüsereste in mundgerechte Stücke schneiden, auf ein Backblech geben und mit Olivenöl und etwas Salz würzen und vermengen. Ihr könnt auch Kräutersalz bzw. getrocknete Kräuter dazugeben. Bei 180 °C je nach Größe etwa 20 Minuten im Ofen grillen.
* Die Hirse wie im süßen Rezept → *Seite 172* zubereiten.
* Das gegrillte Gemüse zu der fertig gekochten Hirse geben, vermengen und mit Pesto anrichten.

Karotten-Grün-Linsen-Salat / Aufstrich / Suppe

Menge
2 PORTIONEN

Zubereitungszeit
30 MINUTEN

ZUTATEN

100 g Belugalinsen
oder gelbe / orange Linsen
2–3 Karotten (mit Grün)
4 EL Pflanzenöl (Olive-, Raps-, Sonnenblumen-)
4 EL Balsamicoessig
Salz, Pfeffer
Kreuzkümmel

TIPP

Zum Aufstrich passen leckere Semmelbrösel-Chips. Sie lassen sich aus der Grundmasse des Quiche-Bodens herstellen. Dafür die Teigmasse mit einem Nudelholz auf einer Backmatte dünn ausrollen und bei 180 °C Ober / Unterhitze 8–10 Minuten knusprig backen.

Dieses Rezept eignet sich hervorragend, um das genießbare Karottengrün mit zu verwenden. Natürlich nur solange es noch frisch ist. Sind die Karotten auch schon etwas müde und weich, könnt ihr nach der gleichen Zubereitung anstelle eines Salats einen leckeren Aufstrich oder, unter Zugabe von Wasser, eine wärmende Suppe zaubern. Mit zusätzlichen Würzzutaten wie Ingwer, Petersilie, Kurkuma oder Nüssen bekommt das Gericht einen extra Kick.

ZUBEREITUNG

* Belugalinsen benötigen 3–4 Stunden Einweichzeit, danach beträgt die Kochzeit etwa 20 Minuten. Gelbe / orange Linsen sind ohne Einweichzeit in 10 Minuten Kochzeit gar.
* Die Karotten in etwa 1 cm dicke Scheiben schneiden, wenn sie aus biologischem Anbau sind, kann die Schale dranbleiben. Ihr könnt die Karotten mit den Linsen kochen, bei 10 Minuten Kochzeit beides zusammen aufsetzen, bei 20 Minuten Kochzeit die Karotten erst 10 Minuten später dazugeben. Linsen gut mit Wasser bedeckt in einem Topf aufkochen und anschließend auf niedriger Temperatur mit Deckel köcheln lassen.
* In der Zwischenzeit das Karottengrün waschen und säubern. Die feinen Blätter von den groben Stängeln zupfen, diese sind pur nicht so lecker, finden aber wunderbar in einem Smoothie Verwendung.
* In einer Pfanne 2 EL Öl erhitzen und das Karottengrün darin anschwitzen, wenden und nach 2 Minuten mit 2 EL Balsamicoessig ablöschen, vom Herd nehmen.
* Die fertig gekochten Linsen und Karotten in einem Sieb abgießen, mit dem Karottengrün vermengen und mit dem restlichen Essig und Öl sowie Salz, Pfeffer und Kreuzkümmel abschmecken.
* Nach Belieben als Salat verzehren oder mithilfe eines Blenders / Pürierstabs zu einem Aufstrich / einer Suppe weiterverarbeiten.

Kartoffel-Sellerie-Stampf
mit Gemüse-Konfetti

Menge
2 PORTIONEN

Zubereitungszeit
30 MINUTEN

ZUTATEN

½ Sellerieknolle
350 g Kartoffeln
ca. 150 g müdes Gemüse (z. B. Zucchini, Paprika, Kürbis, Karotte, Zwiebel)
5 EL Öl (gerne Rapsöl mit Buttergeschmack)
1 EL Essig
Muskatnuss
1 ½ TL (Kräuter-)Salz
Salz, Pfeffer

Ein Stück übrig gebliebene Sellerieknolle eignet sich toll als Zugabe zu leckerem Kartoffelstampf. Ich weiß ja nicht, wie es euch geht, aber ich könnte das (fast) jeden Tag essen.

Ein großer Teller Stampf ist für mich eine vollwertige Mahlzeit ohne wenn und aber. Wenn ich richtig faul bin, lasse ich sogar die Schalen an den Kartoffeln, die sind nämlich mit das Gesündeste. Muss man nur ordentlich stampfen, dann merkt es keiner …

ZUBEREITUNG

- In einem großen Topf Wasser aufsetzen.
- Die Sellerieknolle mit einem scharfen Messer von gröberer Schale und Wurzelauswüchsen befreien und grob würfeln.
- Die Kartoffeln waschen, wenn gewünscht schälen und in Stücke schneiden, die genauso groß sind wie die Selleriestücke. Sprich sehr kleine Kartoffeln ganz lassen.
- Das kochende Wasser salzen und Sellerie und Kartoffeln zusammen darin weich kochen.
- Das übrige Gemüse hübsch fein würfeln, sonst werden es keine Konfetti. In einer Pfanne 2 EL Öl erhitzen und die Konfetti darin einige Minuten garen. Nur so lange, bis sie noch Biss haben. Mit dem Essig ablöschen, Platte ausschalten und bei Restwärme einköcheln lassen. Mit Salz und Pfeffer würzen.
- Die weich gekochten Kartoffeln und Sellerie abgießen. Kartoffeln nach Belieben schälen und beides zusammen mit 3 EL Öl mit einem Kartoffelstampfer zerkleinern.
- Mit Salz und Muskatnuss abschmecken. Auf zwei Teller aufteilen und mit Gemüse-Konfetti bestreuen.

Kartoffelschmarrn / Kartoffelschalenchips

Menge
2 PORTIONEN

Zubereitungszeit
20 MINUTEN

ZUTATEN

500 g gekochte Kartoffeln
6 EL Pflanzenöl
2 ½ TL Salz
2 TL gemahlener Kümmel
2–3 EL Mehl
1 kleine Zwiebel

TIPP
Am Besten schmecken die Chips frisch aus dem Ofen, etwa als kleiner Vorspeisen-Snack oder als Topping für Hauptgerichte und Salate.

Aus den Kartoffelschalen mache ich knusprige Chips, ein Zero Waste Klassiker, den mir meine liebe Koch-Kollegin Elena D'Alto ins Gedächtnis gerufen hat — ein Rezept ihrer italienischen Nonna. Was ihr beim Verzehr von Kartoffelschalen beachten müsst, steht auf **→ *Seite 80*.**

ZUBEREITUNG

Kartoffelschalenchips

* Den Backofen auf 200 °C Ober / Unterhitze vorheizen. Die Kartoffeln schälen. Wenn aus den Schalen Chips werden sollen, achtet darauf, dass ihr diese in möglichst großen Stücken abschält. Mit einem kleinen scharfen Messer geht das ziemlich gut. Die Schalen zusammen mit 1 EL Öl und einem ½ TL Salz auf ein Backblech geben und sachte vermengen.
* Gut ausbreiten, sodass sie möglichst flach auf dem Blech liegen und anschließend im Ofen bei 200 °C etwa 8–12 Minuten knusprig backen. Unbedingt ein Auge drauf behalten, da sie schnell verbrennen und jeder Backofen etwas unterschiedlich lange braucht.

Kartoffelschmarrn

* Für den Schmarrn die Kartoffeln mithilfe einer groben Küchenreibe zerkleinern oder mit der Gabel zerdrücken. Mit Kümmel und 2 TL Salz vermengen, das Mehl darunterheben.
* Die Masse sollte dadurch eine leichte Festigkeit bekommen. Wenn sie euch zu weich vorkommt, etwas mehr Mehl dazugeben.
* Die Zwiebel schälen und fein würfeln. In einer tiefen Pfanne 5 EL Öl erhitzen und die Zwiebelwürfel darin anbraten. Nach 2 Minuten die Kartoffelmasse dazugeben und in der Pfanne ausbreiten und flach drücken. Erst wenden, wenn die Unterseite richtig schön kross braun gebacken ist. Das erfordert etwas Geduld, oft neigt man dazu zu früh wenden zu wollen.
* Dann die andere Seite anbraten und gegen Ende den Schmarrn grob mit einem Pfannenwender zerpflücken. Dazu passt frischer grüner Salat, Krautsalat oder Sauerkraut.

Dieses Gericht kam mir während meiner Zeit in Wien unter die Gabel. In Österreich, Niederbayern und der Oberpfalz nennt man die Spezialität auch Zwirl, Bröselschmarrn, Gurgelmarterer, Sterz, Kartoffelwirler oder Bröselbart! Definitiv ist dieses Gericht der Gewinner beim lustigen Rezeptnamen-Wettbewerb!

Dabei handelt es sich einfach um gekochte Kartoffeln mit etwas Mehl und Kümmel gewürzt, die in der Pfanne knusprig gebraten werden. Traditionell als Fleischbeilage serviert — aber wer sagt, dass dieser Schmarrn nicht das Zeug zum Hauptgericht hat?

Kartoffelgnocchi
mit Ofentomaten und Salbei

Menge
2 PORTIONEN

Zubereitungszeit
50 MINUTEN

ZUTATEN

1 Handvoll (Cherry-)Tomaten
5 EL Olivenöl
ca. 1 ½ TL Salz
etwa 10 Blätter Salbei, frisch oder getrocknet
500 g Kartoffeln
150 g Mehl (Type 00 oder 550)
Salz, Pfeffer

ZUBEREITUNG

- Den Backofen auf 200 °C Ober/Unterhitze vorheizen. Die Tomaten zusammen mit 2 EL Olivenöl, etwas Salz und einigen der Salbeiblätter auf ein Backblech/in eine Auflaufform geben. Je nach Größe im Ofen 10–15 Minuten grillen, bis sie aufplatzen und weich werden.
- Die Kartoffeln waschen und in einem Topf mit Salzwasser bedeckt weich kochen. Wichtig ist, dass die Kartoffeln nicht zu wässrig werden, sonst werden die Gnocchi matschig. Manche italienischen Großmütter schwören deshalb darauf, die Kartoffeln immer mit Schale zu kochen, damit kein Wasser eindringt. Andere schälen und schneiden sie vorm Kochen und lassen sie danach gründlich in einem Nudelsieb abtropfen. Funktioniert beides.
- Nach dem Abtropfen die noch warmen Kartoffeln durch eine Presse drücken. Wenn ihr keine Presse habt, könnt ihr auch die „Flotte Lotte" oder eine Gemüsereibe verwenden.
- Die Kartoffelmasse auf eine Arbeitsfläche geben und das Mehl darübersieben. Da jedes Mehl und jede Kartoffel anders reagieren, zunächst etwa ⅔ des Mehls verkneten. Wenn die Masse noch zu weich ist, den Rest dazugeben. Sollte sie wider Erwarten immer noch zu weich sein, vorsichtig noch etwas mehr Mehl verarbeiten. Viele traditionelle Rezepte enthalten gar kein Salz, da es oft reicht wenn die Sauce/Beilage gesalzen ist, ich gebe 1 TL Salz mit dazu. Wichtig ist nur so lange zu kneten, bis ihr eine homogene Masse habt. Diese in 4–5 Portionen teilen, die Portionen in daumendicke Rollen formen.
- Die Rollen mit einem scharfen Messer in haselnussgroße Stücke schneiden. Auf einer gut bemehlten Arbeitsfläche mit einer Gabel in die typische Gnocchiform drücken.
- In einer tiefen Pfanne das restliche Olivenöl erhitzen und die restlichen Salbeiblätter darin knusprig anbraten. Die Ofentomaten dazugeben.
- Die Gnocchi in einem großen Topf mit sprudelnd kochendem Salzwasser („Salzig wie das Meer") etwa 2 Minuten kochen, bis sie an der Oberfläche schwimmen.
- Mit einer Schaumkelle abschöpfen und direkt in die Pfanne geben und kurz durchschwenken. Mit Salz und Pfeffer abschmecken und sofort servieren.

Gnocchi basieren auf nur zwei Zutaten: Kartoffeln und Mehl. In der italienischen oder alpinen Küche gibt es sie auch auf der Basis von Grieß und Polenta und mit Spinat, Ricotta oder Kürbis. Doch die simpelste Variante ist diese hier. Aus müden Cocktailtomaten werden aromatische Ofentomaten, Salbei und Olivenöl sorgen für eine geschmackliche Abrundung. Die Meinungen dazu, ob man mehlige oder festkochende Kartoffelsorten verwenden sollte, variieren. Ich habe beides probiert, beides hat funktioniert.
Wichtig ist, dass die Gnocchimasse vor dem Portionieren eine schnittfeste Konsistenz hat, damit sie später nicht zerfallen. Wenn ihr es etwas knuspriger mögt, könnt ihr sie auch in der Pfanne anbraten.

Das beste Katerfrühstück
der Welt

Menge
2 GROSSE PORTIONEN

Zubereitungszeit
10 MINUTEN

ZUTATEN

1 Zwiebel oder 2–3 Frühlingszwiebeln
ca. 150 g weitere Geschmackszutaten nach Verfügbarkeit (z. B. Champignons, Radieschen, getrocknete Tomaten, Blattgemüse, Zucchini, Wurzelgemüse, grüne Erbsen, ...)
3 EL Pflanzenöl
250 g gekochte Kichererbsen (ca. 100 g getrocknete), → *Seite 84*
1 gehäufter TL Kurkuma
1–2 TL Kala Namak Salz (ayurvedisches Schwefelsalz, in gut sortierten Bioläden oder im Gewürzfachhandel erhältlich), alternativ normales Salz
1 Spritzer Apfelessig
frischer Schnittlauch, Kresse oder Sprossen zum Bestreuen
nach Belieben Pfeffer

Natürlich kann man dieses Gericht auch genießen, wenn man am Vortag nicht zu tief ins Glas geschaut hat, sondern einfach nur Lust auf ein herzhaftes Frühstück hat. Mit diesem Rezept baue ich das Prinzip von Omelette oder Rührei aus pflanzlichen Zutaten nach, ohne das Original 1:1 „fälschen" zu wollen. Denn das halte ich für Quatsch. Trotzdem macht diese Speise sehr glücklich und schmeckt durch Kernzutaten wie Kichererbsen und Schwefelsalz nach Ei.

Im Sinne der Resteverwertung können allerlei Gemüse mit hineinwandern. Alternativ können die Zutaten auch roh zu Bratlingen geformt, dann angebraten und als Frühstücks-Burger serviert werden.

ZUBEREITUNG

- Die Zwiebel / Frühlingszwiebeln schälen / putzen und in Ringe schneiden.
- Die Geschmackszutaten vorbereiten: Wurzelgemüse in kleine Würfel schneiden, Champignons in Scheiben, getrocknete Tomaten in feine Streifen, wichtig ist, dass alle Zutaten etwa dieselbe Garzeit haben sollten. Je länger diese ist, desto kleiner die Stückchen. Blattgemüse oder grüne Erbsen erst ganz zum Schluss dazugeben.
- Das Öl in einer tiefen Pfanne erhitzen und die Zwiebeln / Frühlingszwiebeln und die Geschmackszutaten darin für 2–3 Minuten anschwitzen. Die Kichererbsen, Kurkuma und das Salz dazugeben und alles gut vermengen. Einige Minuten weiterbraten bis das Gericht gut erwärmt ist, aber noch nicht zu trocken. Einen kleinen Spritzer Essig dazugeben und nochmals vermischen.
- Anrichten und mit gehacktem Schnittlauch, Kresse oder Sprossen bestreuen. Nach Belieben mit Pfeffer würzen.
- Dazu serviere ich geröstetes Sauerteigbrot und etwas (pflanzlichen) Sauerrahm oder Joghurt mit einem Schuss Kürbiskern- oder Leinöl verfeinert.

Kohlrabi-Bete-Mandala
mit Kichererbsen und Tofu-Feta

Menge
2 PORTIONEN

Zubereitungszeit
15 MINUTEN

ZUTATEN

Tofu-Feta

3–4 getrocknete Tomaten
2 Knoblauchzehen
200 g Tofu Natur
2 EL eingelegte Kapern oder / und 2 EL eingelegte Oliven
2 EL getrocknete Kräuter (Oregano, Thymian, Rosmarin, …)
250 ml Olivenöl
optional Salz
1 großes Vorratsglas mit Schraubverschluss

Salat

1 Kohlrabi oder 1 Bete oder jeweils ½ und ½
4 EL Apfelessig
2 EL Öl
1 EL Sirup
150 g gekochte Kichererbsen
etwas Öl zum Anbraten
1 TL Currypulver

TIPP

Am besten schmeckt der Feta, wenn er mindestens 24 Stunden durchgezogen ist, deshalb besser am Vortag zubereiten.
Falls Blätter von Kohlrabi oder Bete vorhanden sind, diese am Ende fein geschnitten darüberstreuen.

Dieser Salat ist ideal als Mittagsgericht oder als Vorspeise, um Gäste zu beeindrucken: Er macht satt, versorgt uns dank Kichererbsen und Tofu mit einer großzügigen Portion Eiweiß und lässt sich hervorragend vorbereiten. Ihr könnt auch nur Kohlrabi oder Bete verwenden. Und wenn es mal schnell gehen muss, trübt auch ein weniger aufwendiges Anrichten den Geschmack nicht!

Der Tofu-Feta ist eines meiner absoluten Zero Waste Basis Gerichte, er lässt sich aus übrig gebliebenem Natur-Tofu herstellen oder auf Vorrat produzieren. Im Kühlschrank in einem Glas gut mit Olivenöl bedeckt, hält er mindestens zwei bis drei Wochen und lässt sich vielseitig zu Salaten, Sandwiches, Pasta, Getreiden und Gemüsegerichten kombinieren.

ZUBEREITUNG

Tofu-Feta

- Die getrockneten Tomaten in kleine Stücke schneiden. Die Knoblauchzehen schälen und in dünne Scheiben schneiden. Den Tofu in das Glas krümeln und abwechselnd mit Tomatenstücken, Knoblauchscheiben, Kapern, Oliven und Kräutern aufschichten.
- Eigentlich sollten die Tomaten und Kapern das Ganze salzig genug machen, wenn ihr diese Komponenten nicht verwendet, gebt zusätzlich etwas Salz mit ins Glas. Sobald alles aufgeschichtet ist, Olivenöl dazugießen und das Glas so schwenken, dass es überall durchdringt und alles gut bedeckt ist.

Salat

- Den Kohlrabi bzw. die Bete schälen. Mit einem Gemüsehobel oder einem scharfen Messer in dünne Scheiben schneiden.
- Apfelessig, Öl und Sirup zu einer Marinade verrühren, die Scheiben in einer Schüssel marinieren. Wenn ihr zweierlei Farbergebnisse wollt, auf zwei Schüsseln verteilt marinieren, damit die Bete nicht alles rot einfärbt.
- In einer Pfanne 1 Schuss Öl erhitzen und bei hoher Temperatur die Kichererbsen darin knusprig anrösten. Erst wenn sie gebräunt sind, das Gewürz dazugeben und nur mit der Restwärme 1 Minute weiterrösten, sonst wird es bitter. Portionieren und mit dem Tofu-Feta anrichten.

Vielschichtige Krautlasagne

Menge
4 PORTIONEN

Zubereitungszeit
1 STUNDE

ZUTATEN

1 Prise Salz
150 g Krautblätter (ca. 10 Stück), z.B. Wirsing, Weißkohl, Rotkohl, Spitzkohl
1 Zwiebel
1 Knoblauchzehe
etwas Pflanzenöl
50 g Sojagranulat, nach Gebrauchsanweisung eingeweicht und abgetropft
oder 100 g Tofu (Natur oder geräuchert), zerkrümelt
oder 100 g Nusstrester (Haselnussmilch → *Seite 225*)
oder 100 g gekochte Linsen
(getrocknete) Kräuter (Oregano, Thymian, Rosmarin, ...)
200 ml passierte Tomaten
oder 4 EL Tomatenmark und 200 ml Wasser
optional 1 Schluck übrig gebliebener Rotwein
50 g Sonnenblumenkerne
150 ml Wasser
2 TL Hefeflocken
1 TL Kapern
1 TL Kapernwasser

Wenn man die Blätter einzeln vom Kohlkopf abschält und ihn nicht anschneidet, lässt er sich schier endlos lagern. Für die pflanzliche Bolognese-Füllung könnt ihr nehmen, was ihr gerade zur Hand habt: Sojagranulat, Tofu, Linsen oder für Fortgeschrittene den Trester selbst gemachter Nussmilch.

Die reichhaltige Bechamelsauce auf der Basis von Sonnenblumenkernen und Kapern sorgt für ein köstlich-cremiges Endergebnis.

ZUBEREITUNG

- Den Backofen auf 180 °C Ober/Unterhitze vorheizen.
- In einer tiefen Pfanne Wasser mit 1 Prise Salz erhitzen. Mit einem scharfen Messer die Strünke keilförmig aus den Kohlblättern schneiden. Beiseitelegen, sie wandern später in die Füllung.
- Die Kohlblätter für 2 Minuten im Salzwasser blanchieren und anschließend unter kaltem Wasser abschrecken.
- Für die Füllung die Zwiebel und die Knoblauchzehe schälen, würfeln und in einer tiefen Pfanne mit 1 Schluck Pflanzenöl anbraten. Die verbliebenen Kohl-Strünke sehr fein schneiden, mit dazugeben und anbraten.
- Den „Fleischersatz" eurer Wahl (Sojagranulat, Tofu, Linsen, Trester, ...) und die Kräuter zugeben, kräftig anbraten, bis die Röstaromen zum Himmel steigen und alles gut angebräunt ist.
- Die passierten Tomaten/Tomatenmark-Wasser Mischung daraufschütten, Wein dazugeben und die Sauce mindestens 10 Minuten einkochen lassen.
- Für die Bechamelsauce die Sonnenblumenkerne, Wasser, Hefeflocken, Kapern und Kapernwasser im Blender/mit dem Pürierstab cremig zerkleinern. Nach Bedarf mehr Wasser dazugeben und gegebenenfalls etwas Salz/mehr Kapernwasser (Säure) dazugeben.
- Eine eingefettete Auflaufform mit Kohlblättern auslegen und abwechselnd mit Bolognesesauce, Bechamelsauce und weiteren Blättern aufschichten. Als letztes mit Bechamelsauce abschließen.
- Im Backofen für etwa 30 Minuten backen, bis es schön blubbert und sich eine hellbraune Kruste gebildet hat.

Wovon wir im Winter hierzulande wirklich mehr als genug haben ist Kohl. Da wird es doch höchste Zeit, kulinarisch neue Wege zu beschreiten und dieses vielseitige Gemüse in altbewährte Comfort Food Klassiker zu integrieren. Daraus eine Lasagne zu machen klingt vielleicht etwas ungewöhnlich, schmeckt aber absolut köstlich!

Rosenkohl Slaw
mit Tempeh-Crunch

Menge
2 PORTIONEN

Zubereitungszeit
20 MINUTEN

ZUTATEN

150 g Rosenkohl
1 TL Salz
3–4 Radieschen
1 gehäufter EL Tahini oder anderes Nussmus (Mandel, Cashew, Erdnuss)
1 EL Essig / Zitronensaft
2 EL Wasser
etwas Pflanzenöl
50 g Tempeh
1 Prise Kreuzkümmel

Rosenkohl kannte ich die meiste Zeit meines bisherigen Lebens nur als im Ganzen matschig gekochte, miefig riechende Sättigungsbeilage. Nichts wonach ich mich in meiner Jugend und frühem Erwachsenenalter verzehrt hätte.

Zum Glück hat sich das in den letzten zehn Jahren grundlegend geändert und genauso wie meine Liebe zur Roten Bete ist die Liebe zu diesen entzückenden Minikohlköpfen ins schier Unermessliche gewachsen. Ob karamellisiert und ofengeröstet, zu Pasta, als Bestandteil einer bunten Bowl oder wie in diesem Rezept roh verarbeitet — die Einsatzmöglichkeiten dieses vitaminreichen Wintergemüses sind unerschöpflich.

Das Dressing auf Sesam- oder Nuss-Basis kann mit der Cremigkeit eines klassischen Mayonnaise-Dressings mithalten, ist aber um Welten gesünder. Obendrauf gibt es knusprig gebratenes Tempeh **→ *Seite 124*.**

Kindheitstrauma Rosenkohl ist somit überwunden.

ZUBEREITUNG

- Den Rosenkohl putzen: Welke Außenblätter entfernen, am einfachsten geht das, wenn man den Strunk um ein Stück kürzt. Die Kohlröschen anschließend aufgestellt von der Krone zum Strunk halbieren. Sehr große Röschen vierteln und die Hälften / Viertel mit einem großen Küchenmesser in möglichst feine Streifen schneiden.
- Rosenkohl in eine Schüssel geben, Salz dazugeben und mit den Händen mindestens 2 Minuten gut einmassieren bis die Struktur des Kohls aufbricht und Flüssigkeit anfängt auszutreten.
- Die Radieschen ebenfalls in feine Streifen schneiden, zum Rosenkohl geben und vermengen.
- Tahini oder Nussmus, Essig und 2 EL Wasser verrühren, zum Salat geben, gut durchmischen.
- In einer Pfanne etwas Pflanzenöl erhitzen, das Tempeh hineinbröseln und kross anbraten. Mit Kreuzkümmel abschmecken und als Topping über den Salat geben.

Ehrlich gesagt war ich bis zum Jahr 2013 noch nicht auf die Idee gekommen, Kohl einfach so in den Backofen zu schieben oder auf den Grill zu schmeißen. Das änderte sich schlagartig, als ich das unglaubliche Vergnügen hatte, im berühmten, bereits viermal zum „besten Restaurant des Jahres" gekürten Restaurant *NOMA* in Kopenhagen, zu speisen. Eines der unzähligen himmlischen Gerichte dort war ein ziemlich angekohlter, doch innen drin zart schmelzender Weißkohl vom offenen Grill.

Saftiger Ofenkohl
mit Kartoffel-Senf-Püree

Menge
2 PORTIONEN
Zubereitungszeit
40 MINUTEN

ZUTATEN

500 g mehligkochende Kartoffeln
Salz
½ Kohlkopf (Weißkohl, Rotkohl, Wirsing, Spitzkohl)
2 EL Misopaste
oder 4 EL Sojasauce
6 EL Pflanzenöl
150 ml ungesüßte Pflanzenmilch
2 EL mittelscharfer Senf
Muskatnuss

Ich adaptierte das Konzept sofort begeistert und marinierte bei diversen BBQ-Workshops und Dinner-Events Berge von Kohlköpfen mit Miso-Paste oder Sojasauce. Funktioniert beides. Auch indoor im Backofen.

Dazu gibt's Kartoffel-Senf-Püree, dessen leichte Schärfe hervorragend zu den knusprig karamellisierten Kohlblättern passt. Feines Püree gelingt am besten wenn die Kartoffeln frisch gekocht sind, dann lassen sie sich mit einer Kartoffelpresse oder der „flotten Lotte" fluffig zerkleinern.

Aus bereits vorgekochten Kartoffeln würde ich lieber Stampf machen, mithilfe eines Stampfers oder — als kleines Workout — mit einer Gabel.

ZUBEREITUNG

* Den Backofen auf 200 °C Ober/Unterhitze vorheizen.
* Die Kartoffeln waschen und in einem großen Topf mit Salzwasser bedeckt kochen, bis sie sich mit der Gabel weich anfühlen. Bei verschieden großen Kartoffeln zerteile ich die größeren so, dass alle Stücke die gleiche Kochzeit haben.
* Den Kohl vierteln. Falls ihr Misopaste verwendet, diese mit 4 EL Wasser in einer Schüssel verrühren und 2 EL des Öls dazugeben. Falls ihr Sojasauce verwendet, ebenfalls mit 2 EL Öl verrühren.
* Die Kohlviertel auf ein mit Backpapier ausgelegtes Backblech geben und mithilfe eines Pinsels von allen Seiten mit der Würzflüssigkeit einstreichen. Im Backofen für etwa 30 Minuten backen, bis der Kohl knusprig gebräunt ist und sich mit einem Messer auch am Strunk leicht anpieksen lässt.
* Die gekochten Kartoffeln abgießen und kurz abkühlen lassen. Schälen und die Schalen nach Belieben im Ofen zu Chips verarbeiten → *Seite 180*.
* Mit einer Presse/Lotte in einen großen Topf zerkleinern und mit der Pflanzenmilch, dem Senf und 4 EL Öl verrühren.
* Mit Salz und Muskatnuss abschmecken und zu den gerösteten Ofenkohl-Stücken servieren.

Krautfleckerl
mit Reispapier-Bacon

Menge
2 PORTIONEN

Zubereitungszeit
30 MINUTEN

ZUTATEN

Fleckerl

1 Teller (ca. 160 g) ungekochte Bandnudeln
Salz
½ Kopf Rotkohl oder Weißkohl (ca. 250 g)
1 Zwiebel
3 EL Pflanzenöl
1 gehäufter TL Zucker
1 gehäufter TL Kümmel **oder** Kreuzkümmel / Fenchelsamen
200 ml Wasser
optional 1 guter Schuss Weißwein
1 TL Instant Gemüsebrühe **oder** 1 EL Misopaste

Reispapier-Bacon

1 EL Olivenöl
2 EL Sojasauce
1 TL (geräuchertes) Paprikapulver
optional 1 TL Liquid Smoke Aroma (gibt's in gut sortierten Bioläden)
2–3 Blätter Reispapier
optional etwas Petersilie oder Schnittlauch, gehackt

Ihr kennt das Spiel: Einmal Sommerrollen selbst gemacht, hat man für alle Ewigkeit eine angefangene Packung Reispapier im Vorratsschrank, Zeit daraus etwas Neues zu zaubern …

ZUBEREITUNG

Fleckerl

- Die Nudeln in gut gesalzenem Wasser sehr al dente kochen und in einem Nudelsieb kalt abschrecken. Sie dürfen später noch im Krautsud fertig ziehen.
- Den Kohl vierteln, die Strünke herausschneiden, auf die Schnittfläche legen und mit einem großen Küchenmesser erst in 1 cm dicke Streifen schneiden, diese nochmals würfeln.
- Die Zwiebel schälen und würfeln. In einem großen Topf das Öl erhitzen, Zwiebelwürfel und Zucker darin einige Minuten glasig anschwitzen und karamellisieren, dann das Kraut und den Kümmel dazugeben. Wer es noch verrückter mag, kann statt Kümmel auch Kreuzkümmel und / oder Fenchelsamen verwenden.
- Anschließend mit Wasser ablöschen, optional Wein mit dazu. Wenn ihr Instant Gemüsebrühe verwendet, könnt ihr diese vor der Kochzeit dazugeben, bei Verwendung von Misopaste bis zum Schluss warten, da diese nicht zu hoch erhitzt werden soll.
- 15 Minuten auf niedriger Flamme köcheln lassen.

Reispapier-Bacon

- Währenddessen für den Reispapier-Bacon das Olivenöl, die Sojasauce, das Paprikapulver (und das Liquid Smoke Aroma) in einem tiefen Teller zu einer Marinade rühren. Das Reispapier in Streifen schneiden oder in Stücke brechen. Ich finde asymmetrisch gebrochene Stücke spannender fürs Auge, aber das ist Geschmackssache.
- Die Stücke durch die Marinade ziehen und entweder im Backofen bei 190 °C Grillfunktion (5–8 Minuten) oder in einer Pfanne von beiden Seiten knusprig braten.
- Die Nudeln zum weich gekochten Kraut geben, vermengen und mit Salz (und Misopaste) abschmecken. Mit dem Reispapier-Bacon und etwas Petersilie oder Schnittlauch servieren.

Ein weiteres kulinarisches Souvenir meiner Zeit in Österreich sind Krautfleckerl. Außerhalb des Krautfleckerl-Gebietes kann man einfach schmale Bandnudeln verwenden und diese vor dem Kochen entsprechend etwas kürzer brechen.
Ebenso breche ich auch gerne Traditionen: Zum einen, indem ich Rotkohl statt Weißkohl verwende, was das Farbergebnis ordentlich auffrischt. Zum anderen kommt bei mir statt Speck knuspriger Reispapier-Bacon ins Spiel.

Pfannkuchen
herzhaft & süß

Menge
6–8 STÜCK JE NACH PFANNENGRÖSSE

Zubereitungszeit
30 MINUTEN

ZUTATEN

250 g Mehl (glutenfreie Variante mit Buchweizenmehl)
1 Prise Salz
3 EL Sojamehl
250 ml Pflanzenmilch (Soja, Hafer, Mandel, Reis)
300 ml spritziges Mineralwasser
2 EL geschmacksneutrales Pflanzenöl
reichlich Öl zum Braten

Herzhaft
150 g frisches Sauerkraut
1 Handvoll Pickles → *Seite 215*

Süß
6 EL Zucker
1 TL Zimt

TIPP
Zu den herzhaften Kraut-Pfannkuchen passt frischer Salat mit einer süßen Komponente wie fein geschnittene Birne oder Dattel oder ein Klecks Chutney. Die süße Variante schmeckt am besten pur.

Pfannkuchen waren schon immer eines meiner Lieblingsgerichte, weil sie so unglaublich einfach herzustellen und gleichzeitig vielseitig sind. Ob herzhaft mit allerlei Füllungen oder — wie hier — im Teig mit gebratenem Kraut. Ob aufgeschichtet als Lasagne, ob in Streifen geschnitten als „falsche" Nudeln oder Suppeneinlage. Ob süß mit Fruchtfüllung, aufgestapelt als Torte oder in der wohl simpelsten Variante mit Zucker und Zimt.

Dieses Basisrezept funktioniert auch ohne Eier hervorragend, die durch Sojamehl ersetzt werden. Sojamehl verwende ich auch beim Backen gerne als Ei-Ersatz, das ist auch viel praktischer als Eier: Es müssen keine Hühner ran und man kann es ewig im Vorratsschrank lagern.

***Geheimnis:* Zur Not klappt es auch ohne Mineralwasser, aber damit wird der Teig noch fluffiger.**

ZUBEREITUNG

- In einer Schüssel das Mehl mit dem Salz und dem Sojamehl mischen. In einer zweiten Schüssel Pflanzenmilch, Mineralwasser und Öl vermengen. Nun mithilfe des Handrührers nach und nach die Mehlmischung in die Flüssigkeit rühren, bis ein Pfannkuchenteig entsteht. Wenn ihr die festen Zutaten zu den flüssigen gebt, entstehen weniger leicht Klümpchen. 10 Minuten quellen lassen.
- Genug Öl, sodass der Boden in der Pfanne gut bedeckt ist, erhitzen.
- Für die herzhaften Pfannkuchen das Sauerkraut und die Pickles griffbereit halten. Eine Kelle Teig in die Pfanne geben und ausschwenken. Sofort mit Sauerkraut und Pickles bestreuen, sodass diese noch im flüssigen Teig mit einbacken können. Wenn der Teig auf der Unterseite gut gebräunt ist (an der Seite mit einem Pfannenwender checken), mit Schwung wenden und fertig backen.
- Für süße Pfannkuchen Zucker und Zimt mischen. Nach herkömmlicher Pfannkuchenback-Methode vorgehen und die Zucker-Zimt-Mischung nach dem Wenden in der Pfanne auf die noch heiße Seite streuen. So karamellisiert und schmilzt die süße Füllung.

Strudel
mit süßer Kürbisfüllung

Menge
1 STRUDEL

Zubereitungszeit
50 MINUTEN

ZUTATEN

200 g Weizenmehl
7 EL geschmacksneutrales Pflanzenöl (z. B. Raps- oder Sonnenblumenöl)
1 Prise Salz
8 EL lauwarmes Wasser
½ Hokkaido- oder Butternut-Kürbis
2 EL Vollrohrzucker
1 TL Zimt
1 Handvoll Rosinen

Ich bin mit selbst gemachtem Strudel aufgewachsen. Meine Mutter buk jeden Herbst den besten Apfelstrudel der Welt und irgendwann gab sie ihr Wissen an mich weiter. Da diese Strudel-Sozialisation für viele Menschen nicht selbstverständlich ist, möchte ich euch ermutigen: Traut euch ran an dieses genial simple Gericht für das ihr die Zutaten mit 99 %iger Garantie zu Hause habt. Es gibt nichts Köstlicheres als frischen Strudel und er schmeckt auch am nächsten Tag noch.

Hier in der Variante mit süßem Kürbis. Ihr könnt das Rezept auch herzhaft zubereiten, indem ihr den Sirup durch Misopaste oder Sojasauce ersetzt und etwas Kreuzkümmel hinzufügt. Wichtig ist nur folgender mütterlicher Tipp:

Egal ob Apfel, Birne oder Kürbis — wenn ihr die Füllung in feine Scheiben schneidet, lässt sich der Strudel besser wickeln. Bei Würfeln entstehen schneller Löcher im Teig. Danke, Mama! Viel Vergnügen beim Strudeln!

ZUBEREITUNG

- Eine hitzebeständige Schüssel mit heißem Wasser füllen – sie soll sich aufheizen – unter ihr darf später wohltemperiert der Teig ruhen.
- Das Mehl auf ein großes Backbrett häufen. Eine Mulde in die Mitte drücken. Das Öl und das Salz in die Mulde geben und mit den Fingern von außen nach innen verkneten. Nach und nach das Wasser dazukneten.
- Den Teig 5 Minuten weiterkneten, bis er geschmeidig ist. Erscheint er zu wenig elastisch, minimal Öl hinzufügen, ist er zu feucht, braucht er Mehl. Zu trocken? Dann benötigt er Wasser.
- Das Wasser aus der Schüssel leeren und die Schüssel über den Teig stülpen, dort für 30 Minuten verweilen lassen.
- Den Backofen auf 180 °C Ober / Unterhitze vorheizen.
- Den Kürbis entkernen, waschen und in feine Scheiben schneiden.
- In einer Schüssel mit dem Zucker, dem Zimt und den Rosinen vermischen.
- Den Teig auf ein frisch gewaschenes, mit Mehl bestäubtes Küchentuch geben und mit einem Nudelholz zu einem großen Rechteck

→

ausrollen. Anschließend mit den Händen unter den Teig gehen und diesen mit den Fingern vorsichtig auseinanderziehen. Wenn er kleine Löcher bekommt, ist dies nicht weiter schlimm. Größere Risse einfach wieder zusammendrücken, etwas Öl kann als „Kleber" dienen.

* Dann die Ränder mit den Händen ebenfalls auseinanderziehen. Dieser Part erfordert etwas Übung.
* Am Ende sollte der Teig so dünn wie möglich sein und etwa an allen Stellen gleich dünn.
* Die Kürbisfüllung gleichmäßig auf dem Teig verteilen und nur am Rand zu allen Seiten 5 cm Abstand lassen.
* Nach Anleitung rollen.
* Den Strudel bei 180 °C im Ofen etwa 25 Minuten backen, bis er außen schön braun und knusprig ist.
* Kurz abkühlen lassen, mit Puderzucker bestreuen, aufschneiden und am besten warm genießen. Und wenn am Anfang ein paar kleine Löcher entstehen, kann man diese flicken und es tut dem Geschmack keinerlei Abbruch.

Die Strudeltechnik

1. Auf allen Seiten des Teig-Rechtecks sollte ein Abstand von etwa 5 cm zwischen Füllung und Rand sein. Nun die Teigränder von rechts und links über die Füllung einschlagen. Anschließend von unten über die Füllung einschlagen.

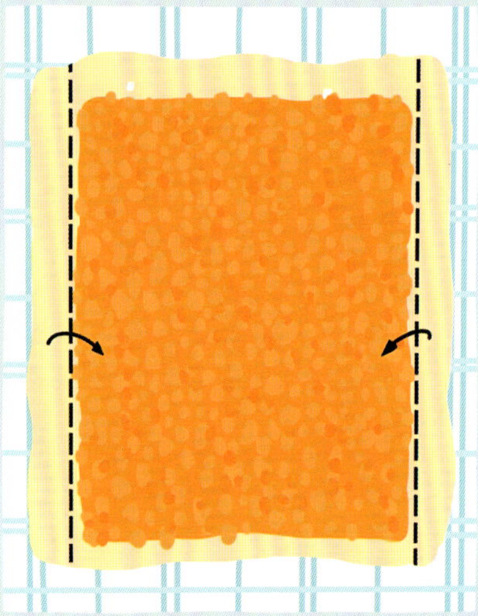

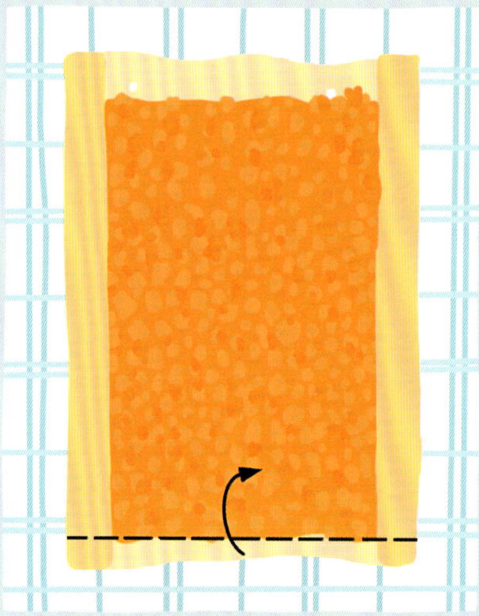

2. Nun den Teig mithilfe des Küchentuchs von unten nach oben hin vorsichtig aufrollen. So nach und nach eine gleichmäßige Rolle formen. Der Strudel sollte am Ende auf dem Teigabschluss zu liegen kommen, sonst platzt er beim Backen gerne auf.

3. Die fertige Strudelrolle mithilfe des Küchentuchs vorsichtig auf ein mit Backpapier/Silikonbackmatte ausgelegtes Backblech hieven und mit etwas Öl bestreichen.

Dieser unwiderstehliche Aufstrich wird auch den der Pflanzennahrung skeptisch gegenüber stehenden Tischgästen jauchzende Ah's und Oh's entlocken: Pilze, Knoblauch, Kräuter und, nach Belieben, ein Schuss Dessertwein verleihen den Linsen ein höchst harmonisches Aroma, das sich hervorragend für kalte Winterabende und festliche Anlässe eignet.

Die Pilze dürfen auch schon leicht runzlig sein, am Ende wird sowieso alles püriert.

Herzhafte Pastete
mit Linsen, Pilzen und Walnüssen

Menge
4 PORTIONEN
ALS VORSPEISE

Zubereitungszeit
20 MINUTEN

ZUTATEN

1 Handvoll Walnüsse
1 Zwiebel
1 Knoblauchzehe
120 g Pilze (Champignons, Shiitake, Steinpilz) oder 20 g getrocknete Pilze (für 20 Minuten in heißes Wasser eingeweicht)
4 EL Pflanzenöl
1 TL Zucker oder Sirup
1 Lorbeerblatt
1 TL Thymian
1 TL getrockneter oder 1 Zweig frischer Salbei
1 TL getrockneter oder 1 Zweig frischer Rosmarin
1 EL Balsamicoessig
1 EL Apfelessig oder Zitronensaft
1 EL Sojasauce
1 ordentlicher Schuss Portwein **oder** Marsala (ca. 50 ml)
220 g gekochte Berglinsen (ca. 80 g trockene)
1 EL Misopaste **oder** 1 EL eingelegte Kapern
Salz

TIPP

Dazu passen Brotchips → *Seite 165* oder die Semmelbrösel-Kräcker → *Seite 158*.

ZUBEREITUNG

* Die Walnüsse in einer Pfanne ohne Fett rösten, bis sie zu duften anfangen. Zur Seite stellen.
* Die Zwiebel und die Knoblauchzehe schälen und würfeln / fein hacken.
* Die Pilze putzen, sprich ausgetrocknete Stellen, z. B. am Stiel wegschneiden. Anschließend ebenfalls würfeln. Wenn ihr getrocknete, eingeweichte Pilze verwendet, das Einweichwasser erst abgießen, dann klein schneiden. Meist werden aromatische Pilze wie Steinpilz oder Shiitake getrocknet, deshalb reicht es, wenn ihr weniger verwendet. Möglich ist aber auch eine Kombi aus frischen und getrockneten Pilzen, um das Pilzaroma noch zu verstärken.
* In einer Pfanne das Öl erhitzen. Zwiebel- und Knoblauchwürfel, Zucker und Lorbeerblatt hineingeben, gut verrühren und 5 Minuten auf mittlerer Hitze anbraten.
* Die Pilze und die Kräuter dazugeben und 3–4 Minuten weiterrösten.
* Balsamico, Essig / Zitronensaft, Sojasauce sowie den Dessertwein dazugeben, 3–4 Minuten einkochen lassen, bis die Pilze schön weich sind.
* Die gekochten Linsen und die Walnüsse dazugeben, das Lorbeerblatt und eventuelle Kräuterstiele entfernen und 5 Minuten abkühlen lassen. Dann die Misopaste oder Kapern dazugeben und in einer Küchenmaschine oder einem Blender cremig pürieren. Abkühlen lassen und vor dem Servieren nochmals auf Salz und Säure abschmecken.

Maissalat
mit Heidelbeeren

Menge
1 PORTION ALS
VOLLE MAHLZEIT ODER
2 PORTIONEN ALS BEILAGE

Zubereitungszeit
10 MINUTEN

ZUTATEN

ca. 170 g vorgekochter Mais **oder** gegrillter Mais (eines Kolbens)
ca. 50 g Heidelbeeren
1 Handvoll Salat oder Wildkräuter
1 TL Dijon Senf / scharfer Senf
1 EL Essig
2 EL Öl
Salz, Pfeffer

Die Idee für diesen Salat kam mir im Sommer 2017 in der Wildnis der isländischen Halbinsel Snæfellsnes, wo ich mit meinem Freund Urlaub machte. Wir sammelten wilde Heidelbeeren und Sauerampfer und hatten noch einen Maiskolben in der Küche unseres Wochenendhauses herumliegen. Aus diesen Zutaten machte ich uns diesen simplen, aber köstlichen Salat. Im Nachhinein stellte ich fest, dass die Kombination von Beeren, Mais und Grünzeug fest im internationalen Rezepte-Gedächtnis verankert ist, vielleicht hatte ich es doch schon einmal wo gelesen? Aber meine Geschichte ist doch viel schöner.

Der Zero Waste Aspekt: Ihr könnt sowohl frischen Mais vom Kolben verwenden, aber auch wenn beim Barbecue ein bereits gegrillter Kolben übrig bleibt oder ihr noch ein angefangenes Glas Mais im Kühlschrank habt. Statt Rucola passt selbst Gepflücktes wie Sauerampfer oder Löwenzahn, aber auch Spinat, junger Mangold, Feldsalat oder jeder andere Salat super. Großblättrige Sorten würde ich fein schneiden oder zupfen.

ZUBEREITUNG

* Falls der Mais noch am Kolben ist, diesen mit einem großen Messer abschneiden. Dazu den Kolben senkrecht aufstellen, sodass er gut Halt hat und dann sukzessive vorgehen. Wenn das zu schwierig erscheint, den Maiskolben gerne in Stücke schneiden und die Körner von den kurzen Stücken abschneiden. Wenn ein paar Körnen zusammenhaften, macht das gar nichts, das sieht sogar hübsch aus.
* Die Maiskörner mit den gewaschenen Heidelbeeren und dem grünen Salat / Wildkräutern in eine Schüssel geben und vermischen.
* Aus Senf, Essig und Öl ein Dressing anrühren und mit Salz und Pfeffer abschmecken. Immer zwischendurch probieren, um zu sehen, ob ihr für euren Geschmack noch mehr von einer der fünf Komponenten benötigt.
* Das Dressing über den Salat geben und erneut abschmecken.

Paprika gefüllt
mit sahnigem Spinat-Zitronen-Reis

Menge
ALS HAUPTGERICHT
2 PORTIONEN ODER
ALS VORSPEISE
4 PORTIONEN

Zubereitungszeit
40 MINUTEN

ZUTATEN

4 mittelgroße Paprika
1 große Handvoll Spinat
Saft und Zesten 1 Bio-Zitrone
½ oder 1 kleine Zwiebel
2 EL Pflanzenöl
350 g gekochter Reis (ungekocht 150 g) oder andere (Pseudo-) Getreide
2 EL Nussmus (Mandelmus, Cashewmus, Sonnenblumenkernmus, Tahini)
Salz, Pfeffer

Einige Gemüse lassen sich wunderbar füllen: Paprika, kleine Kürbisse, große Zucchini oder Tomaten, Zwiebeln, ... Für die Füllung eignen sich hervorragend Reste vom Vortag, wie Reis oder andere gekochte Getreidearten, wie Polenta, Bulgur, Couscous, Quinoa, ...

Aufgemotzt mit müdem Spinat, etwas Zitrone und Nussmus wird daraus eine pflegeleichte herrliche Mahlzeit, die sich im Ofen von selbst fertig brät, während man schon mal den Tisch decken, meditieren oder die Katze streicheln kann.

Statt Blattspinat eignet sich auch Blattgemüse / Salat, wie Mangold, Grünkohl, Rucola oder das Grün von Beten, Radieschen, Kohlrabi. Die Strünke hierbei von den Blättern entfernen und ganz fein gehackt mitdünsten.

ZUBEREITUNG

* Den Backofen auf 180 °C Ober / Unterhitze vorheizen.
* Bei jeder Paprika den „Deckel" abschneiden und das Kerngehäuse entfernen. Die ausgehöhlten Gemüse auswaschen.
* Den Spinat ebenfalls sorgfältig waschen und in einem Sieb abtropfen lassen.
* Von der Zitrone Zesten abreiben. Wir benötigen etwa die Hälfte für dieses Rezept, den Rest auf einem Teller trocknen lassen und für eine andere Verwendung aufbewahren. Den Zitronensaft auspressen.
* Die Zwiebel schälen und fein würfeln. Das Öl in einer Pfanne erhitzen und die Zwiebelwürfel darin glasig anbraten. Die Spinatblätter dazugeben. Umrühren und 3–4 Minuten dünsten, dann mit dem Zitronensaft ablöschen. Den Reis und das Nussmus dazugeben und alles gut vermengen.
* Erst probieren und nach Bedarf mit Salz und Pfeffer abschmecken.
* Die Füllung auf die Paprikas aufteilen, mithilfe eines Esslöffels gut hineindrücken und den „Deckel" daraufsetzen.
* In einer leicht gefetteten Auflaufform 20–30 Minuten bei 180 °C backen, bis die Haut weich und gebräunt ist und Blasen bekommt.
* Als Hauptgericht für 2 Personen oder als Vorspeise für 4 Personen mit Salat servieren.

207

Pasta
mit Haselnuss-Ricotta-Füllung

Menge
CIRCA 20 TEIGTASCHEN

Zubereitungszeit
1 STUNDE
+ 30 MINUTEN KÜHLZEIT

ZUTATEN

Nudelteig
250 g Mehl (mehr Infos zu Mehl und Pastamehl → *Seite 100*)
1 TL Salz
2 EL Olivenöl
100–150 ml Wasser
mehr Mehl zum Ausrollen

Füllung
150 g Kartoffeln
70 g Haselnuss- oder Mandeltrester (Rezept Nussmilch → *Seite 225*)
2 Zweige frische oder 2 EL getrocknete Minze
ein ½ Bund frischer Schnittlauch **oder** 2 Frühlingszwiebeln
Salz
Muskatnuss

Außerdem
2 EL Öl

TIPP
Falls etwas übrig bleiben sollte, kann man sie am nächsten Tag als köstliches Gröstl in der Pfanne anbraten!

Ähnlich wie beim Strudelteig möchte ich euch dazu ermutigen, Pasta selbst zu machen. Die Trockenzutaten hat man (fast) immer zu Hause und wer einmal selbst gemachte Nudeln gegessen hat, möchte nichts anderes mehr. Mit diesem etwas aufwendigeren Rezept praktiziert man Lebensmittelwertschätzung in seiner schönsten und geschmackvollsten Form.

Angelehnt an mein Lieblings-Kindheitsgericht „Kärntner Kasnudeln" begann ich irgendwann, den trockenen österreichischen Topfen durch Mandel- und Nusstrester zu ersetzen, den ich bei der Herstellung pflanzlicher Milch übrig hatte. Vermengt mit Kartoffeln und Kräutern entsteht daraus eine unwiderstehliche Füllung, die schon pur unglaublich lecker schmeckt.

Das Formen der Teigtaschen, im Kärntner Dialekt krendeln genannt, ist halb so schwer wie es aussieht, aber es schmeckt auch, wenn man zum Zudrücken eine Gabel benutzt.

Als Topping reichen ein paar Tropfen hochwertiges Öl, gerne mit Geschmack, wie etwa Trüffelöl oder ein buttriges Rapskernöl.

ZUBEREITUNG

* Mehl und Salz in einer Schüssel vermengen. Eine Mulde in die Mitte drücken, Öl und Wasser hineingeben. Mit einer Gabel die Flüssigkeit mit dem Mehl vermengen.
* Auf eine bemehlte Unterlage geben und mit den Händen einige Minuten zu einem glatten geschmeidigen Teig kneten. Ist der Teig zu fest, tröpfchenweise Wasser zugeben, ist er zu feucht, ein bisschen mehr Mehl dazukneten. Im Kühlschrank 30 Minuten kalt stellen. Statt Folie verwende ich eine Haushaltsdose mit Deckel.
* Die Kartoffeln weich kochen, schälen, durch eine Kartoffelpresse drücken oder mit einem Stampfer zerkleinern. Mit dem Trester und den gehackten Kräutern vermengen, mit Salz und Muskat abschmecken. Getrocknete Minze zerstoße ich im Mörser.
* Für kräfteschonende, gleichmäßige Ergebnisse verwende ich eine Nudelmaschine. Ich drücke eine etwa aprikosengroße Portion Teig mit den Händen auf einer bemehlten Arbeitsfläche flach und gebe sie 2–3 Mal bei Stufe 1 durch die Maschine. Danach arbeite ich mich bis zu Stufe 5, dünner muss die Pasta nicht werden, sonst lässt sie sich schwer füllen.

→

* Die ausgerollte Teigbahn auf eine bemehlte Arbeitsfläche setzen. Mit einem Wasserglas oder einer Ausstechform Kreise ausstechen.
* Aus der Füllung etwa walnussgroße Bällchen formen und auf die ausgestochenen Kreise legen. Den Rand des Kreises mit etwas Wasser befeuchten (am besten in einer Schüssel danebenstellen) und halbmondförmig zusammendrücken. Eventuell verbleibende Luft seitlich herausdrücken und die Ränder entweder mithilfe einer Gabel oder der Krendel-Technik verschließen.
* In einem großen Topf Salzwasser erhitzen und die Pasta darin etwa 4 Minuten kochen, das Wasser soll nicht sprudelnd kochen, Temperatur etwas herunterdrehen. Wenn ihr nicht sicher seid, ob sie durch sind, einfach eine herausnehmen und probieren.
* In einem Topf etwas Öl leicht erhitzen, die Pasta mit einer Schaumkelle aus dem Kochwasser nehmen und in dem warmen Öl schwenken.
* Ihr könnt die Pasta auch mit gerösteten Semmelbröseln bestreuen. Herrlich dazu schmeckt grüner Salat.

Die Krendeltechnik

1. Die Kugel der Füllung gut in der Mitte des Teigkreises platzieren, den Rand auf einer Seite mit Wasser befeuchten.

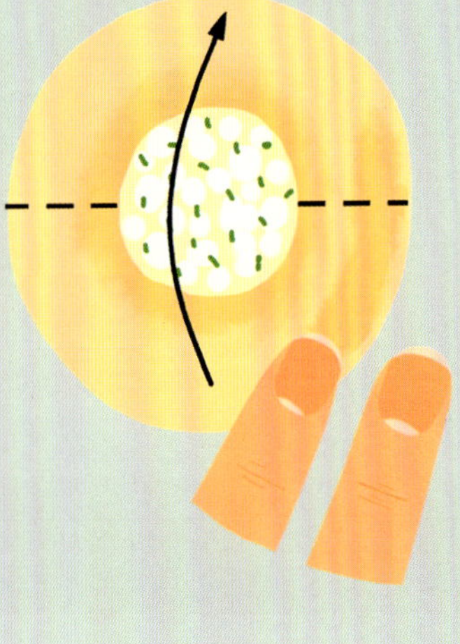

2. Zu einem Halbmond falten und die Ränder gut zusammendrücken.

3. Mit den Fingern vorsichtig überschüssige Luft herausstreifen.

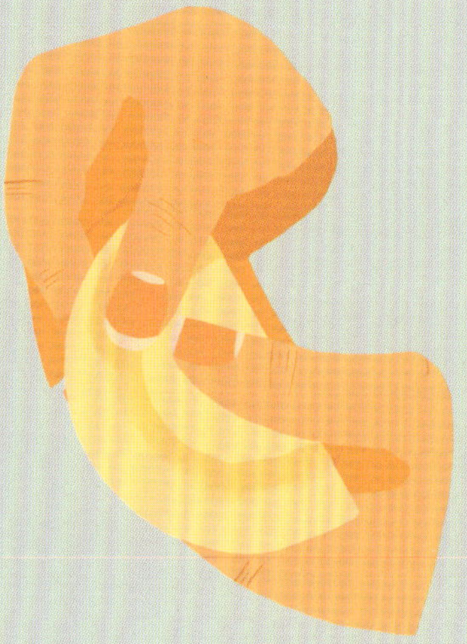

4. Den untersten Zipfel des Teigrandes im 45 Grad Winkel einschlagen und mit dem Daumen fest andrücken.

5. Den nächsten Zipfel überlappend nach innen einschlagen und gut festdrücken, sodass sich der Rand später beim Kochen nicht öffnet. Rundherum weiter einschlagen und festdrücken, so entsteht das typische Muster.

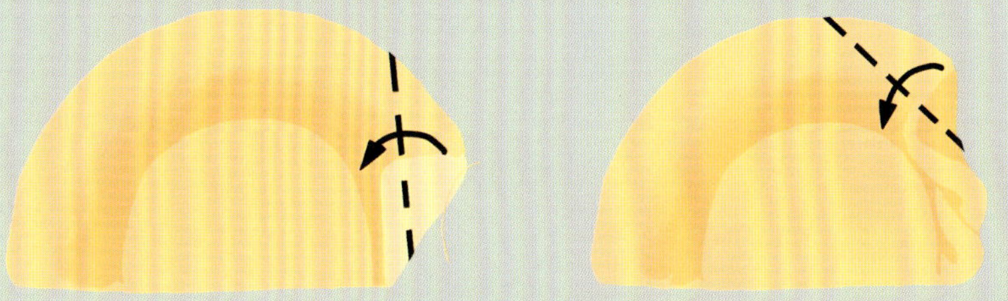

6. Am einfachsten geht es, wenn man die Teigtasche mit einer Hand hält und mit Zeigefinger und Daumen der anderen Hand den Rand immer weiterfaltet.

7. Das Ende durch festes Andrücken verschließen, so bleibt die Füllung auch während des Kochens im Teig. Es sieht schwerer aus als es ist, wenn man den Dreh einmal heraus hat, geht es wie von selbst und man wird mit einem tollen Ergebnis belohnt.

Polentataler / Cremige Polenta *mit Bratsalat, Melonen-Tomaten-Salsa*

Menge
2 PORTIONEN

Zubereitungszeit
20 MINUTEN

Für die Taler können der Polenta noch allerhand Zutaten beigegeben werden: Kräuter, getrocknete Tomaten, Pilze, Spinat oder als süße Zubereitung klein geschnittene Datteln, Rosinen, Nüsse. Für süße Taler sollte man aber beim Kochen der Polenta natürlich keine Gemüsebrühe verwenden …

ZUTATEN

600 ml Wasser oder Gemüsebrühe
2 TL Salz
6 EL Olivenöl
150 g Polenta
Muskatnuss
100 g Wassermelone
2 kleine Tomaten (ca. 100 g)
½ oder 1 kleine rote Zwiebel
je nach Schärfe ½–1 frische Chilischote oder ½ TL Chilipulver
2 EL Apfelessig **oder** Zitronen/Limettensaft
200 g müder Salat (z. B. Eichblatt, Römer, Radicchio, Endivien, …)
Salz, Pfeffer

ZUBEREITUNG

- Das Wasser/Gemüsebrühe in einem mittelgroßen Topf aufkochen. Salz und 2 EL Olivenöl hineingeben und die Polenta einrühren, sobald das Wasser/die Brühe zu köcheln beginnt.
- Bei niedriger Hitze unter gelegentlichem Rühren 5 Minuten quellen lassen.
- Mit Salz und frisch geriebener Muskatnuss abschmecken. Sollte euch die Polenta zu fest sein, etwas mehr Flüssigkeit einrühren, bis eine optimal cremige Konsistenz entsteht.
- Für die Salsa die Melone, die Tomate(n) und die Zwiebel klein würfeln und vermengen. Mit 1 EL Olivenöl, 1 EL Apfelessig/Saft, Chili und etwas Salz abschmecken.
- Jede Chili ist anders, wenn du eine frische Schote verwendest, trau dich und probiere davor ein winziges Stück. Auch bei Pulver gilt: Lieber erst weniger, mehr geht immer!
- Für den Bratsalat 3 EL Olivenöl in einer Pfanne erhitzen. Größere Salatköpfe einmal in der Mitte auseinanderschneiden, kleine Salate wie Römersalat können im Ganzen gebraten werden. Der Salat ist ähnlich wie Blattspinat schon nach wenigen Minuten fertig. Mit 1 EL Essig/Saft ablöschen und mit Salz und Pfeffer würzen. Polenta, Bratsalat und Salsa zusammen servieren.
- Aus der übrigen Polenta (unter Beigabe von weiteren Zutaten) Taler formen und diese von beiden Seiten in einer Pfanne in Öl goldbraun braten. Wenn die Polenta zu fest erscheint, etwas Wasser mit verkneten bzw. die Hände befeuchten.
- Zu Salat oder Gemüse essen oder für unterwegs in die Lunchbox packen.

Polenta ist ein vielseitig einsetzbares Lebensmittel, das hierzulande ruhig noch ein bisschen mehr Fans verdient hat. Ich koche oft gleich eine doppelte Portion, um die eine Hälfte als cremige Beilage zu Gemüse zu reichen und den Rest zu knusprigen Talern auszubacken. Zum Glück gibt es mittlerweile vorgegarte Minutenpolenta. Früher musste man den Maisgrieß eine Stunde rühren, bis er gar war, da ist ein Risotto ein Spaziergang dagegen …

Mixed Pickles
Radieschen, Rettich und Rübe

Menge
CA. 700 G GEMÜSE

Zubereitungszeit
20 MINUTEN

ZUTATEN

700 g Rettiche / Rüben *(im Bild seht ihr eine Mischung aus Radieschen, schwarzem und rotem Rettich)*
Gewürze und Geschmackszutaten nach Belieben *(im Bild: Lorbeerblätter, Wacholderbeeren, Pfefferkörner, Chilischoten und Sternanis)*
500 ml Wasser
250 ml Essig
2 EL jodfreies Salz
2 TL Zucker

Eine schnelle, leckere und optimale Resteverwertung ist das Einwecken von Gemüse. Es verlängert die Haltbarkeit vieler Gemüseleben, peppt Speisen durch seine knackig-saure Note auf und das Ergebnis schaut einfach toll aus.
Egal ob pur, auf Sandwiches / Burger oder auch mal ganz ungewöhnlich als knackiger Kontrast zum Risibisi **→ *Seite 216*.** **Auf** **→ *Seite 28*** **findet ihr die schnellen Einlege-Basics.**

Diesem Basisrezept könnt ihr beliebig Gewürze und weitere Geschmackszutaten beigeben, z. B.: Senfsaat, Koriander, Lorbeerblätter, Nelken, Sternanis, frische oder getrocknete Chilis, Ingwer, getrocknete Kräuter wie Thymian, Rosmarin, Oregano, Piment, Knoblauch, … Einlegen könnt ihr auch wirklich alles: Karotten, Kürbis, alle Sorten von Gurken, Zucchini, Bohnen, Zwiebeln, Blumenkohl, Bete, …

Dieses Rezept ist für ca. 700 g Gemüse ausgelegt, ihr könnt aber auch einfach die Hälfte zubereiten, wenn ihr nur einen Rest einlegen wollt.

ZUBEREITUNG

* Rettiche / Rüben waschen und schneiden. Ich bevorzuge bei Rettich dünne Scheiben, die sich gut ins Glas stapeln lassen und bei den Radieschen auch Scheiben oder Viertel, weil das einfach super aussieht. Die Scheiben schneide ich mit einem Gemüsehobel.
* Das geschnittene Gemüse zusammen mit den Gewürzen / Geschmackszutaten in die sterilisierten Gläser geben.
* Wasser, Essig, Salz und Zucker in einen Topf geben und zum Kochen bringen, bis Salz und Zucker aufgelöst sind. Die noch heiße Flüssigkeit auf das Gemüse gießen, sodass alles gut bedeckt ist.
* Die Gläser anschließend gut verschließen, auf den Kopf stellen und abkühlen lassen.
* Am besten schmecken Pickles, wenn sie an einem kühlen dunklen Ort mindestens 4 Wochen durchziehen konnten. Das kann der Kühlschrank sein, ein Vorratskeller oder eine unbeheizte Speisekammer. So könnt ihr die Gläser ca. ein Jahr aufbewahren.

Risibisi —
Reis und Erbsen

Menge
2 PORTIONEN

Zubereitungszeit
20 MINUTEN

ZUTATEN

½ oder 1 kleine Zwiebel
50 g Tofu (gerne geräuchert)
etwas Pflanzenöl
nach Belieben 1 Schuss übrig gebliebener Weißwein **oder** 1 Spritzer Apfelessig
vorgekochter Reis
150 g grüne Erbsen (frisch oder TK)
1 EL Misopaste
Salz, Pfeffer
optional Pickles als Topping, z. B. Essiggürkchen oder eingelegte Radieschen → *Seite 215*

In vielen Ländern steht Reis mit Bohnen fast täglich auf dem Speiseplan, natürlich auch weil es günstig und gleichzeitig sehr sättigend ist. Die Kubaner sagen dazu „Moros y Cristianos", in Costa Rica, Nicaragua und der Karibik nennt man das Gericht „Gallo Pinto" (gefleckter Hahn).

Doch wie sieht es in Deutschland aus? Bohnen werden hierzulande traditionell meistens frisch verarbeitet, sind lang und grün oder wandern als dicke Bohnen in Suppen und Salate. Auf Reis treffen sie eher selten. Dafür aber die Erbsen. Dieser Klassiker der italienischen, genauer gesagt der venezianischen Küche wurde in den letzten Jahrzehnten eingedeutscht. Da ich finde, dass wir sowieso viel mehr Erbsen essen sollten → *Seite 66*, gibt es hier meine Version:

Den Speck habe ich gegen Tofu eingetauscht und das Ganze um meine Lieblingszutat, Misopaste, ergänzt. Und weil ich grade richtig gut drauf bin, gibt es als Topping noch knackige, süß-sauer eingelegte Radieschen. Das sieht nicht nur schön aus, sondern bringt auch eine weitere Geschmackskomponente ins Spiel. Im Rezept verwende ich natürlich bereits gekochten Reis — es ist ja schließlich meine Reisverwertungsidee: Ein Klassiker aus Reisresten lecker und pflanzlich interpretiert.

Meine Kochempfehlung für perfekten Reis: Investiere in einen Reiskocher — es lohnt sich!

ZUBEREITUNG

* Die Zwiebel schälen und fein würfeln. Tofu ebenfalls fein würfeln. In einer großen, tiefen Pfanne etwas Öl erhitzen und beides darin scharf anbraten, nach 2 Minuten auf mittlere Hitze hinunterschalten und ein paar Minuten weiterbraten. Mit Wein bzw. Essig ablöschen. Wenn ihr Wein verwendet, ruhig einen ordentlichen Schuss, beim Essig nur einen Spritzer (ca. 1 EL).

* Den Reis und die Erbsen dazugeben und unter Umrühren einkochen lassen. Je nach Geschmack den Reis knusprig anbraten oder nur erwärmen. Die Misopaste dazugeben und gut vermengen, bis sie sich aufgelöst hat. Nach Bedarf mit Salz und Pfeffer abschmecken.

* Portionieren und mit dünnen Scheiben von Gürkchen / Radieschen bestreuen.

217

Dreierlei Sellerie
Braten, Puffer, Salat

Menge
4 PORTIONEN ALS HAUPTGANG-KOMPONENTE / 2 PORTIONEN / 4 PORTIONEN ALS BEILAGE

Zubereitungszeit
1 STUNDE / 30 MINUTEN / 15 MINUTEN

ZUTATEN

Selleriebraten
1 Sellerieknolle
4 EL Olivenöl
2 TL Meersalz
¼ l Weißwein oder Wasser

Selleriepuffer
150 g rohe Sellerieknolle, geraspelt
150 g rohe Rote Bete, geraspelt
1 EL Sojamehl
2–3 EL Kartoffelstärke
oder 2 EL Haferflocken
Salz, Muskatnuss
Bratöl

Selleriesalat
1 Handvoll Kürbiskerne
½ Sellerieknolle (und 3–4 Stiele Selleriegrün), gerieben und fein gehackt
½ TL Salz
2 Äpfel, gerieben
2 EL Essig
3 EL Öl (Kürbiskernöl, Rapsöl, Olivenöl, Hanföl)
1 TL süßer Senf

Sellerieknolle ist wahnsinnig vielseitig. Da sie einen sehr intensiven Geschmack hat, empfehle ich sie zu schmoren, was ihr mehr Süße verleiht oder mit anderen Komponenten zu mischen. Beim Puffer mit Rote Bete, beim Stampf **→*Seite 179*** **mit Kartoffeln oder beim Salat mit frischem Apfel.**

ZUBEREITUNG

Selleriebraten

- Backofen auf 220 °C Ober / Unterhitze vorheizen. Selleriegrün und Wurzeln entfernen und gut waschen. Die Knolle halbieren und die Hälften mit der Schnittfläche nach unten auf ein eingeöltes Backblech geben.
- Aus Olivenöl, Salz und Wein / Wasser eine Marinade anrühren. Die Oberfläche damit bepinseln. Während der Backzeit alle 20 Minuten wiederholen, bis die Knolle nach etwa 1 Stunde außen knusprig und innen butterweich ist, wenn ihr sie mit einem Messer ansticht.
- In Scheiben geschnitten servieren.

Selleriepuffer

- Sellerie- und Beteraspel gut in einem Sieb auspressen, mit dem Sojamehl und der Kartoffelstärke / Haferflocken vermengen und mit Salz und Muskatnuss würzen.
- Reichlich Öl in einer Pfanne erhitzen und mit einem Esslöffel Puffer ins heiße Öl geben und flach drücken. Von beiden Seiten knusprig anbraten, die zweite Seite geht meist etwas schneller. Sofort aufessen.

Selleriesalat

- Die Kürbiskerne in einer Pfanne ohne Fett anrösten, bis sie aufplatzen und gebräunt sind.
- Den geriebenen Sellerie und das gehackte Grün mit dem Salz in einer Schüssel verkneten und die Äpfel dazugeben.
- Aus Essig, Öl und Senf ein Dressing anrühren, über den Salat geben. Abschmecken, gegebenenfalls nachwürzen.
- Mit den Kürbiskernen bestreuen.

Ofengeschmortes Steinobst
im Rotweinbad

Zubereitungszeit
40 MINUTEN

ZUTATEN

200 g Steinobst (z. B. Aprikosen, Mirabellen, Zwetschgen, Pflaumen)
je nach Größe 1–2 rote Zwiebeln
optional 2 Knoblauchzehen
200 ml Rotwein
4–5 Zweige frischer Rosmarin oder 3 TL getrockneter Rosmarin
1 TL Salz

Steinobst wie Aprikosen, Mirabellen, Zwetschgen oder Pflaumen schmecken köstlich, wird aber wahnsinnig schnell matschig. Wenn das Obst erste Dellen bekommt und ihr keine Lust habt es zu einem Smoothie zu pürieren oder zu Marmelade zu kochen, schmeißt es doch einfach in den Ofen! Als süß-herzhafte Beilage zu gekochtem Reis / Getreide oder Gemüsegerichten lässt es sich auch super kalt einige Tage im Kühlschrank aufbewahren.

Mein Freund mag es lieber ohne die Zugabe von Knoblauch, deshalb, wenn ihr nicht so die Knoblauchfans seid, einfach nur Zwiebeln dazugeben — auch super!

Den Wein kann man auch weglassen bzw. durch Trauben-, Pflaumen- oder Apfelsaft ersetzen.

ZUBEREITUNG

- Den Backofen auf 200 °C Ober / Unterhitze vorheizen.
- Das Steinobst waschen, halbieren und entsteinen.
- Die Zwiebeln halbieren, schälen und in breite Streifen schneiden. Knoblauch schälen und in feine Streifen schneiden.
- Steinobst, Zwiebeln, Knoblauch, Rotwein und Rosmarin in eine Auflaufform geben, salzen und alles gut vermengen.
- Im Backofen etwa 15–20 Minuten bei 200 °C schmoren, bis die Früchte schön weich und saftig durchgezogen sind.
- Entweder direkt genießen oder abkühlen lassen und zum Aufbewahren in ein Schraubglas geben.

Energy Balls

Menge
CA. 20 KUGELN

Zubereitungszeit
20 MINUTEN

ZUTATEN

100 g Trockenfrüchte (z. B. Datteln, Aprikosen, Feigen, Mango, Rosinen)
100 g Nüsse oder Kerne (z. B. Cashewkerne, Haselnüsse, Mandeln, Sonnenblumenkerne)
Haferflocken
für Schoko-Balls 4 EL Kakaopulver
Gewürze nach Belieben (Zimt, Kardamom, Anis, …)
1 Prise Salz
weitere Zutaten zum Wälzen

Es gibt wirklich kaum ein einfacheres, schlüssigeres und wohlschmeckenderes Reste-Rezept als diese süßen Kugeln. Sie sind außerdem ideal als Reiseproviant, Energie-Kick nach dem Sport oder wenn der kleine Hunger vorbeischaut. Könnt ihr euch an den noch erinnern? Der trug früher ein gepunktetes Outfit und wollte uns von einem Großkonzern produzierten Milchreis andrehen. Heute bevorzugt er Energy Balls, genau wie ich.

Bei den Zutaten könnt ihr wild alles verwenden, was der Vorratsschrank so hergibt, das Rezept stellt lediglich eine Richtlinie dar. Auf dem Foto seht ihr folgende Energy Balls:

- **gewälzt in Matcha**
- **gewälzt in Kakao**
- **nackte Balls**
- **gewälzt in Kokosraspeln**
- **gewälzt in Hibiskuspulver (in gut sortierten Bioläden/ Reformhäusern erhältlich)**

ZUBEREITUNG

- Alle Zutaten in einen Hochleistungsmixer oder eine Küchenmaschine geben und zerkleinern, bis eine klebrige Masse entsteht.
- Daraus, am besten mit angefeuchteten Händen, kleine Kugeln rollen und nach Belieben in den vorgeschlagenen Komponenten wälzen.
- Diese Kugeln halten trocken gelagert in einer Dose problemlos mindestens vier Wochen, werden aber meistens schon davor aufgegessen, weil sie einfach zu lecker sind.

In meiner Kindheit galt folgende Regel: Wenn mein fürs Mittagessen zuständiger Hausmann-Papa kochfaul war, gab es Linsen- oder Erbsensuppe aus der Dose. In 99 % der Fälle folgte als Belohnung, wenn man sich durch einen Teller dieses dicken gräuligen Eintopfs gekämpft hatte, als Nachtisch Schokoladenpudding.

Sehr oft „verwurstelte" mein Vater darin übrig gebliebene Osterhasen oder Nikoläuse, manchmal noch verfeinert mit gerösteten Nussstückchen. Wenn der Leitartikel der Tageszeitung dann doch mal wieder interessanter war, gerieten diese auch mal etwas dunkler. Küchenregel Nummer Eins: Immer am Herd bleiben!

Haselnussmilch & Schokoladenpudding

Menge
1 LITER HASELNUSSMILCH & CA. 500 G PUDDING

Zubereitungszeit
20 MINUTEN

Seitdem wusste ich, dass man für Pudding eigentlich nur Flüssigkeit, Süße und Stärkemehl im richtigen Verhältnis benötigt und es mit geschmolzenen Osterhasen viel besser schmeckt als mit fertigem Puddingpulver.

Heute werden im Hause Hoffmann nur noch Nüsse gemolken. Den Trester kann man hervorragend für Lasagne → *Seite 188* oder Pasta-Füllung → *Seite 209* verwenden.

ZUTATEN

Milch
200 g Haselnüsse
800 ml Wasser

Pudding
500 ml pflanzliche Milch
140 g Schokolade
4 EL Stärkemehl

ZUBEREITUNG

Milch

- Noch besser schmeckt Nussmilch, wenn ihr die Haselnüsse vor der Weiterverarbeitung in einer Pfanne ohne Fett oder im Backofen so lange röstet, bis sie zu duften beginnen.
- Anschließend zusammen mit 800 ml Wasser im Hochleistungsmixer pürieren und durch einen Nussbeutel oder ein sauberes Mulltuch auspressen. In eine ausgekochte, saubere Glasflasche füllen. Im Kühlschrank etwa 3–4 Tage haltbar.

Pudding

- Die Schokolade in kleine Stücke brechen. 6 EL der Pflanzenmilch in einer Schüssel mit der Speisestärke verrühren.
- Die restliche Milch zusammen mit den Schokoladenstücken in einem Topf erwärmen, sodass Schokomilch entsteht. Wenn diese fast kocht, die Stärkecreme unter beständigem Rühren dazugeben bis der Pudding eindickt. Kurz aufkochen lassen und dann vom Herd nehmen.
- Noch warm portionieren und bei Zimmertemperatur abkühlen lassen. Kühl servieren.

TIPP
Der Pudding dient auch als köstliche Creme für die Weihnachtsreste-Torte → *Seite 226*.

Weihnachtsreste-Torte

Menge
EINE SPRINGFORM
18 CM DURCHMESSER

Zubereitungszeit
30 MINUTEN
+ KÜHLZEIT

Weihnachten ist vorbei und Wochen später entdeckt man auf einmal noch diese eine Dose mit den etwas trockenen Plätzchen, die nicht so viele Anhänger fanden. Oder man hat da diese krümeligen Keksreste vom letzten Wanderausflug im Vorratsschrank.

Zusammen mit einem halben verschmähten Schoko-Weihnachtsmann oder — Osterhasen und etwas (Pflanzen-)Milch wird daraus ein köstliches, eigenständiges Dessert, das sich hervorragend eignet, um Groß und Klein zu begeistern. Die wohl glamouröseste Resteverwertung, was Desserts angeht …

ZUTATEN

Boden
120 g Plätzchen oder Kekse
30 g Kokosöl
1 Prise Salz
optional: 1 gehäufter EL Nussmus (z. B. Mandel, Cashew, Erdnuss, Kokos)

Creme
Schokoladenpudding aus einem ½ l Pflanzenmilch
→ *Seite 225*

ZUBEREITUNG

* Die Kekse in einer Schüssel mit den Händen schön klein zerkrümeln.
* Falls das Kokosöl fest ist, kurz in einem kleinen Topf auf niedriger Flamme schmelzen lassen. Öl, Salz und optional Nussmus zu den Kekskrümeln geben und alles verkneten. Es funktioniert auch ohne Nussmus, dieses dient hauptsächlich zur Verfeinerung des Geschmacks.
* Die Masse in einer kleinen Springform flach drücken. Man benötigt kein Backpapier, da das Fett in der Masse dafür sorgt, dass diese nicht kleben bleibt. Im Kühlschrank mindestens eine halbe Stunde fest werden lassen.
* Den Schokoladenpudding nach Anleitung zubereiten und etwas abkühlen lassen. Entweder mithilfe einer Spritztülle auf den gekühlten Kuchenboden spritzen oder in den Tortenring geben, verstreichen und nochmals für eine Stunde in den Kühlschrank geben.
* Wenn es ganz schnell gehen soll, einfach für 20 Minuten ins Tiefkühlfach stellen.
* Nach Belieben mit übrigen Kekse, Nüssen oder Schokoraspeln dekorieren.

Der einfachste Kuchen
der Welt

Menge
26 CM DURCHMESSER SPRINGFORM, EINE GUGELHUPFFORM ODER 12 MUFFINS

Zubereitungszeit
1 STUNDE

ZUTATEN

400 g Weizen- oder Dinkelmehl
240 g Zucker
1 Päckchen Backpulver
1 Prise Salz
180 ml mildes Pflanzenöl
400 ml Wasser
optional und je nachdem, was da ist Kakao, Matcha, Beeren, Zitronenzesten, …

Ja, ich liebe Superlative, vor allem dann, wenn sie stimmen!

Dieser Kuchen besteht aus gerade mal 4 Grundzutaten, wenn man davon ausgeht, dass Wasser und Salz immer zu Hause vorhanden ist. Auf dieser Basis sind alle erdenklichen Variationen möglich. Auf diesem Foto seht ihr die Teigmenge zu vielen kleinen Küchlein ausgebacken mit:

- **Kakao und etwas Rum bzw. als Marmorkuchen**
- **mit Matcha**
- **mit Heidel- oder Himbeeren**
- **mit Zitronenzesten und einigen Tropfen Lavendelöl**

ZUBEREITUNG

- Den Backofen auf 180 °C Ober/Unterhitze vorheizen.
- In einer Schüssel das Mehl mit dem Zucker, dem Backpulver und dem Salz vermengen.
- In einer zweiten Schüssel Öl und Wasser vermischen. Wenn ihr zusätzliche flüssige Geschmackszutaten wie Zitronensaft verwenden wollt, gebt diese mit in die flüssigen Zutaten.
- Mithilfe eines Handrührers die trockene Mischung in mehreren Schritten unter die feuchte Mischung arbeiten, nur so lange rühren, bis ein gleichmäßiger Teig entsteht.
- Weitere Zutaten wie Kakao, Beeren, Nüsse, Matcha, … jetzt unterheben.
- Den Teig in eine eingefettete Backform füllen und bei 180 °C 40–50 Minuten backen, bis beim Stäbchentest kein Teig mehr hängen bleibt. Dafür eine Stricknadel, ein Schaschlikstäbchen oder ein Essstäbchen in die Kuchenmitte pieksen.
- Kuchen abkühlen lassen und erst dann aus der Form stürzen.

„Never doubt that a small group of thoughtful committed citizens can change the world; Indeed it's the only thing that ever has!“

MARGARET MEAD

04
Was noch übrig bleibt

Register

Danke

MEINEN ELTERN

Danke, dass ihr immer für mich da seid und mich von kleinauf mit den Werten erzogen habt, die mir ermöglicht haben, dieses Buch zu schreiben. Dafür, dass ihr mich gelehrt habt kritisch zu sein, eine Meinung zu haben und für diese auch einzustehen. Auf die Straße zu gehen und mich für andere einzusetzen, die keine Stimme haben.

HAUKUR

My flavour muse. Danke, dass du an mich glaubst und mich immer unterstützt, mich auf wundersame Weise beruhigst, wenn ich am Durchdrehen bin und meine Leidenschaft für gutes Essen teilst.

MEINEN FREUNDEN

Danke, dass ihr immer noch meine Freunde seid, obwohl wir uns in den letzten Monaten so selten gesehen haben ☺.

MEINEM GENIALEN TEAM

Sandra Stäbler, Annabell Sievert, Anna Kohlweis und Julia Sommer.

DANKE AN

Folkdays für das Leihen der Teller →*Seite 195* und →*Seite 198*, Lars Walther für das grandiose Cover Foto und die Inspiration durch den VeggieWorld Podcast, Sandra Socha für die wunderschönen Dinner-Fotos, Station Küche für die Cover-Shooting-Location, U.C.W. für die wunderschönen Kochjacken, Nina und Nikolai fürs mit ernten dürfen auf eurem Acker, Enie van de Meiklokjes, Amanda Cohen, Niko Rittenau, Esme Forbes, Elena D'Alto, Annie Dietrich, Lisana Hartl, Mayoori Buchhalter, Dörte Eickelberg, Alexis Goertz, Frau Lamprecht.

Und an all die engagierten Menschen und Organisationen, die sich gegen Lebensmittelverschwendung und für mehr Wertschätzung einsetzen, u. a. Milena Glimbowski *(Original Unverpackt)*, Matthias Beuger *(Veggie Specials / Institut für Lebensmittelwertschätzung)*, Sir Plus (speziell Johanna Ernst), WWF, Greenpeace, Restlos Glücklich, Peter Duran *(Isla Coffee)*, Next Organic (speziell Alexandra Söderberg), …

Bücher und Medien, ...

... die ich ergänzend empfehle und als Quellen benutzt habe.

BÜCHER

- **Fünf Hausmittel ersetzen eine Drogerie** (Eigenverlag: www.smarticular.net)
- **Ohne Wenn und Abfall** (Milena Glimbowksi / KiWi) / Dieses Buch enthält neben vielen nützlichen Tipps auch eine komplette Liste aller Unverpackt-Läden im deutschsprachigen Raum
- **Zero Waste Home – Glücklich leben ohne Müll!** (Bea Johnson / Verlag Ludwig)
- **Leaf to Root: Gemüse Essen von Blatt bis Wurzel** (Pascal Haag, Esther Kern, Sylvan Müller / AT Verlag)
- **Fermentieren ganz einfach selbst gemacht.** Gesund leben und genießen mit Kimchi, Kombucha, Kefir & Co. (Cathrin Brandes / Neuer Umschau Buch Verlag)
- **Die Küche der Achtsamkeit.** MOTTAINAI: Nichts verschwenden, kreativ kochen, gesund essen (Tainá Guedes / Verlag Antje Kunstmann)
- **Vegan-Klischee ade!** Wissenschaftliche Antworten auf kritische Fragen zu veganer Ernährung (Niko Rittenau / Ventil Verlag)
- **Warum wir Hunde lieben, Schweine essen und Kühe anziehen:** Karnismus – eine Einführung (Melanie Joy / compassion media)
- **Tiere essen** (Jonathan Safran Foer / Fischer Taschenbuch)

ONLINE

- **Online-Fermentationskurse & Kurse in Berlin (englisch):**
  https://ediblealchemy.co
- **Magazine & Informationsplattformen:**
  https://utopia.de
  https://www.smarticular.net
  https://enorm-magazin.de
  https://ou-magazin.de
  http://viertel-vor.com

Noch mehr Unternehmen und Adressen von Unverpackt-Läden findet ihr auf meiner Webseite **www.sophiahoffmann.com.** Weitere Bücher von mir:

Sophias Vegane Welt
ISBN 978-3-8419-0314-3

Vegan Queens
ISBN 978-3-8419-0478-2

Impressum

Kaiserstraße 14 b
D-80801 München
5. Auflage 2022

ISBN 978-3-89883-854-2

Sophia Hoffmann
Zero Waste Küche

TEXTE UND REZEPTE
Sophia Hoffmann

LAYOUT, SATZ UND GRAFISCHE BEARBEITUNG
Sandra Stäbler

LEKTORAT UND PROJEKTKOORDINATION
Julia Sommer

COVER FOTOGRAFIEN
Lars Walther

FOTOGRAFIEN INNENTEIL
Annabell Sievert
außer Seiten 55/143/144/237 (Sandra Socha), Seite 123 (Daniel Seiffert / WWF Deutschland), Seite 127 (Zoe Spawton), Seiten 2/238 (Lars Walther)

ILLUSTRATIONEN
Anna Kohlweis

KORREKTORAT
Brigitte Hamerski

PRODUCING
Jan Russok

DRUCK UND BINDUNG
optimal media GmbH, Glienholzweg 7, 17207 Röbel / Müritz

ZS - ein Verlag der Edel Verlagsgruppe
www.zsverlag.de | www.facebook.com/zsverlag

Printed in Germany